MARGUERITE YOURCENAR

MISHIMA
—— OU ——
A VISÃO DO VAZIO

Tradução
Mauro Pinheiro

2ª edição

Estação Liberdade

Título original: *Mishima ou La Vision du vide*
© Editions Gallimard, 1980
© Estação Liberdade, 2013, para esta tradução

Preparação	Marcos Gregório Gomes e Paula Nogueira
Revisão	Fábio Fujita
Assistência editorial	Fábio Bonillo
Supervisão editorial	Letícia Howes
Edição de arte	Miguel Simon
Editor	Angel Bojadsen

CIP-BRASIL. CATALOGAÇÃO-NA-FONTE
SINDICATO NACIONAL DOS EDITORES DE LIVROS, RJ

Y74m

Yourcenar, Marguerite
   Mishima ou a visão do vazio / Marguerite Yourcenar ; tradução Mauro Pinheiro. - São Paulo : Estação Liberdade, 2013.

   Tradução de: Mishima, ou, La Vision du vide
   ISBN 978-85-7448-219-4

   1. Mishima, Yukio, 1925-1970. 2. Escritores japoneses - Séc. XXI - Biografia. I. Título.

13-0339.   CDD: 895.635
                                     CDU: 821.521-3

Todos os direitos reservados à Editora Estação Liberdade. Nenhuma parte da obra pode ser reproduzida, adaptada, multiplicada ou divulgada de nenhuma forma (em particular por meios de reprografia ou processos digitais) sem autorização expressa da editora, e em virtude da legislação em vigor.

Esta publicação segue as normas do Acordo Ortográfico da Língua Portuguesa, Decreto nº 6.583, de 29 de setembro de 2008.

EDITORA ESTAÇÃO LIBERDADE LTDA.
Rua Dona Elisa, 116 | Barra Funda
01155-030 São Paulo – SP | Tel.: (11) 3660 3180
www.estacaoliberdade.com.br

A energia é a delícia eterna.
    William Blake, *Matrimônio do céu e do inferno*

Se o sal perder seu sabor, como o devolveremos a ele?
    Evangelho segundo São Mateus, 5:13

Morra em pensamento a cada manhã, e não mais temerás a morte.
    Hagakure, tratado japonês do século XVIII

É sempre difícil julgar um grande escritor contemporâneo: falta-nos recuo. Mais difícil ainda é julgá-lo quando ele pertence a outra civilização, diferente da nossa, em relação à qual a atração pelo exotismo ou a desconfiança dele entra em jogo. As chances de haver equívoco aumentam quando, como acontece com Yukio Mishima, os elementos de sua própria cultura e aqueles do Ocidente, que ele absorveu com avidez, se misturam em cada obra em diferentes proporções e com efeitos e sucessos variados. É essa mistura, contudo, que faz dele, em inúmeras de suas obras, um representante autêntico de um Japão também violentamente ocidentalizado, mas marcado, apesar de tudo, por certas características imutáveis. O modo como, em Mishima, as partículas tradicionalmente japonesas vieram à superfície e explodiram em sua morte faz dele, em contrapartida, a testemunha, e no sentido etimológico da palavra, o mártir, do Japão heroico que ele, de certa forma, alcançou a contracorrente.

Mas a dificuldade aumenta ainda mais — não importa o país ou a civilização de que se trate — quando a vida do escritor foi assim tão variada, rica e impetuosa, ou às vezes, sabiamente calculada, quanto sua obra, quando distinguimos tanto em uma quanto na outra as mesmas imperfeições, as mesmas devassidões, as mesmas taras, mas também as mesmas virtudes e, por fim, a mesma grandeza. Inevitavelmente, um equilíbrio instável se estabelece entre o interesse que dedicamos ao homem e aquele que dedicamos a seus livros. Não vivemos mais o tempo em que podíamos degustar *Hamlet* sem nos preocuparmos demais com Shakespeare; a curiosidade grosseira pela anedota biográfica é uma característica de nossa época, multiplicada pelos métodos de uma imprensa e de uma mídia que se dirigem a um público que sabe ler cada vez menos. Tendemos todos a levar em conta não somente o escritor que, por definição, se exprime em seus livros, mas também o indivíduo, sempre forçosamente disperso, contraditório e inconstante, oculto aqui e visível acolá e, finalmente, talvez acima de tudo, o *personagem*, essa sombra ou esse reflexo que às vezes o próprio indivíduo (é o caso de Mishima) contribui a projetar, como defesa ou bravata, mas que, aquém ou além do qual, o homem real viveu e morreu dentro desse segredo impenetrável que é o de toda vida.

Eis aí um bocado de chances de errar na interpretação. Passemos adiante, mas lembremo-nos sempre que a realidade central deve ser procurada dentro da obra: aquilo que o autor decidiu escrever, ou foi obrigado a escrever, é o que de fato importa. E, com certeza, a morte tão premeditada de Mishima é uma de suas obras. Não obstante, um filme como *Patriotismo* e um relato como a descrição do suicídio de Isao em *Cavalo selvagem* lançam um foco de luz sobre o fim do escritor e, em parte, o explicam, enquanto a morte do autor no máximo o autentica sem nada explicar.

Certamente, essas histórias da infância e da juventude, reveladoras, ao que parece, merecem ser conservadas num breve resumo dessa vida. Contudo, esses episódios traumatizantes nos vêm na sua maioria de *Confissões de uma máscara*, e se encontram espalhados sob diferentes formas nas obras romanescas mais tardias, alcançando a ordem das obsessões ou de pontos de partida de uma obsessão inversa, definitivamente instaladas dentro desse poderoso plexo que rege em nós todas as emoções e todos os atos. É interessante ver esses fantasmas crescerem e decrescerem no espírito de um homem como as fases lunares no céu. E seguramente alguns relatos contemporâneos mais ou menos anedóticos, alguns julgamentos feitos no calor do momento, assim como um instantâneo imprevisto, servem às vezes para completar, comprovar ou contradizer o autorretrato que o próprio Mishima fez de certos incidentes ou momentos de choque. É, no entanto, somente graças ao escritor que podemos ouvir suas profundas vibrações, como cada um de nós ouve sua voz por dentro e o rumor do próprio sangue.

Talvez o mais curioso seja que um bocado dessas crises emocionais da criança ou do adolescente Mishima nasce de uma imagem extraída de um livro ou de um filme ocidental ao qual o jovem japonês nascido em Tóquio em 1925 foi exposto. O menino que se afasta de uma bela ilustração de seu livro de imagens porque sua criada lhe explicou que se tratava não de um cavaleiro, como ele acreditava, mas de uma mulher chamada Joana d'Arc experimenta esse fato como uma enganação que o ofende em sua masculinidade pueril: o interessante para nós é que Joana tenha lhe inspirado essa reação, e não uma das numerosas heroínas do *kabuki* disfarçadas de homem. Na célebre cena da primeira ejaculação diante de uma fotografia do *São Sebastião* de Guido Reni, a excitação emprestada de uma pintura barroca italiana é mais facilmente compreendida, considerando que a arte japonesa, mesmo em suas estampas eróticas, não conheceu, como a nossa, a glorificação do nu. Aqueles corpos musculosos, mas ao fim de suas forças, prostrados no abandono quase voluptuoso da agonia, nenhuma imagem de samurai entregando-se à morte teria produzido: os heróis do Japão antigo amavam e morriam dentro de suas carapaças de seda e aço.

Outras lembranças chocantes são, ao contrário, exclusivamente japonesas. Mishima consumiu inteiramente aquela do belo "coletor de solo noturno", eufemismo poético que quer dizer limpador de fossa, jovem e robusta figura descendo a colina sob os raios do sol poente. "Essa imagem foi a primeira a me atormentar e aterrorizar toda minha vida." E o autor de *Confissões de uma máscara* decerto não está errado ao associar o eufemismo mal explicado ao menino com a noção de uma certa Terra a um só tempo perigosa e divinizada.[1] Mas qualquer criança europeia poderia se

---

1. Observemos que, em inglês americano, a palavra *dirt* (sujeira) é também usada correntemente para se referir à terra vegetal, o húmus, enfim, a terra no sentido daquela trabalhada por um jardineiro. *Put a little more dirt in this flower pot*: "Ponha um pouco mais de terra neste vaso de flores."

apaixonar da mesma forma por um robusto jardineiro cuja atividade inteiramente física e os trajes deixando adivinhar as formas do corpo a distraem de sua família correta demais, rígida demais. No mesmo sentido, mas perturbadora como a surra que ela descreve, é a cena do afundamento das grades do jardim, no dia de uma procissão, pelos jovens carregadores de liteiras transportando divindades xintoístas, gingando de um lado para outro da rua sobre ombros vigorosos; a criança confinada dentro da ordem ou da desordem familiar sente pela primeira vez, amedrontada e inebriada, soprar sobre ela o vento forte do exterior; e por ali passa tudo aquilo que continuará contando para ele, a juventude e a força humanas, as tradições percebidas até então como um espetáculo ou uma rotina, e que bruscamente ganham vida; as divindades que reaparecerão mais tarde sob a forma do "Deus Selvagem" do qual o Isao de *Cavalo selvagem* se torna a encarnação, e, mais tarde ainda, em *A queda do anjo*[2], até que a visão do grande Vazio budista tudo apague.

Já então, nesse romance de iniciante, *Ai no kawaki* [A sede de amar][3], cuja protagonista é uma moça meio enlouquecida pelas suas frustrações sensuais, a jovem apaixonada é lançada, durante uma procissão orgiástica e rústica,

---

2. O título em inglês é *The Decay of the Angel*. O dicionário francês dá para *decay: declin, décadence*, frágeis demais para uma palavra que quer dizer também *apodrecimento*, e à qual o *Oxford English Dictionary* oferece como equivalência *rot* (putrefação). Um amigo anglo-saxão bem culto me sugere *O anjo apodrece* (o verbo no presente), equivalência ousada, mas que vai exatamente no sentido do livro. O título da tradução publicada pela Gallimard é: *L'Ange en décomposition*, uma boa solução também.
3. Publicado pela editora Gallimard com o título *Une Soif d'amour* [Uma sede de amor].

contra o peito de um jovem jardineiro e encontra nesse contato um momento de violenta felicidade. Mas é sobretudo em *Cavalo selvagem* que essa lembrança reaparecerá, decantada, quase fantasmal, como esses açafrões outonais que produzem uma abundância de folhas na primavera e reaparecem, inesperados, delgados e perfeitos, no fim do outono, sob a forma de moços, puxando e empurrando com Isao as carroças de lírios sagrados, colhidos dentro do recinto de um santuário, e que Honda, o *voyeur*-vidente, observa, como o próprio Mishima, através de uma perspectiva de mais de vinte anos.

Entretanto, o escritor tinha experimentado uma vez pessoalmente esse delírio de esforço físico, de cansaço, de suor, de alegre confusão em meio a uma multidão quando decidiu segurar também o suporte frontal dos carregadores de liteiras sagradas durante uma procissão. Uma fotografia o retrata ainda bem jovem e, excepcionalmente, bastante risonho, o quimono de algodão aberto no peito, semelhante em tudo aos seus camaradas de fardo. Somente um jovem sevilhano de alguns anos atrás, na época em que o turismo organizado ainda não havia dominado o fervor religioso, teria podido conhecer um pouco dessa mesma embriaguez ao ver, nas brancas ruas andaluzas, desfilarem o andor da Macareña e o da Virgem dos Ciganos. Mais uma vez, reaparece a mesma imagem orgiástica, mas agora percebida por um testemunho, o de Mishima durante uma de suas primeiras grandes viagens, hesitando duas noites diante do magma humano do Carnaval do Rio, e só se decidindo na terceira noite a mergulhar dentro daquela massa enroscada e comprimida pela dança. O mais importante, porém, é esse momento inicial de recusa ou de medo, que será o mesmo de Honda e de Kiyoaki, fugindo dos berros selvagens dos espadachins de *kendo*, que Isao e o próprio Mishima soltarão mais tarde a plenos pulmões. Em todo caso, o recuo ou o temor precede o abandono desordenado ou a disciplina exacerbada, que são a mesma coisa.

De hábito, faz-se um esboço desse tipo para apresentar o meio do escritor; se eu não o adotei, é porque esse plano secundário não importa nem um pouco, até que vejamos sobre ele perfilar ao menos a silhueta do personagem. Como toda família que já escapou há algumas gerações do anonimato popular, essa surpreende, sobretudo, pela extraordinária variedade de categorias, grupos e culturas entrecruzando-se num ambiente que, de fora, parece relativamente fácil de identificar. De fato, como tantas famílias da alta burguesia da Europa da mesma época, a linhagem paterna de Mishima só se afasta do campesinato no início do século XIX para aceder aos diplomas universitários, então raros e muito valorizados, e aos cargos mais ou menos elevados do funcionalismo público. O avô foi governador de uma ilha, mas se aposentou em consequência de um caso de corrupção eleitoral. O pai, funcionário de um ministério, aparece como um burocrata soturno e acomodado, compensando com sua vida circunspecta as imprudências de seu antepassado. Da parte dele, vemos apenas um gesto, espantoso: por três vezes, nos conta Mishima, enquanto caminhavam pelo campo, ao longo de uma estrada de ferro, ele ergueu o menino em seus braços a somente um metro de distância do expresso em furioso deslocamento, deixando a criança ser esbofeteada pelos turbilhões da velocidade, sem que esta, já estoica ou, antes, petrificada, soltasse sequer um grito. Curiosamente, esse pai pouco afetuoso, que teria preferido ver seu filho seguir uma carreira no funcionalismo do que na literatura, submete o menino a uma prova de resistência do mesmo gênero que ele, Mishima, mais tarde irá impor a si mesmo.[4]

A mãe tem contornos mais nítidos. Originária de uma dessas famílias de pedagogos confucianos que representam tradicionalmente a própria medula da lógica e da moralidade japonesas, ela foi de início quase privada de seu pequeno filho em benefício da aristocrática avó paterna, malcasada com o governador da ilha. Só mais tarde ela terá a oportunidade de recuperar seu filho; em seguida, se interessará pelas composições literárias do adolescente entusiasmado com a literatura; é por ela que, aos 33 anos de idade, já tarde no Japão para se pensar em casamento, ele resolverá recorrer a um intermediário à moda antiga, a fim de que essa mãe, que equivocadamente acreditavam cancerosa, não venha a se lamentar por desaparecer sem ter sua descendência assegurada. Na véspera de seu suicídio,

---

4. Convém observar que não dou espaço algum aqui às interpretações psiquiátricas ou psicanalíticas, primeiro, porque elas já foram experimentadas com frequência e, em seguida, porque elas assumem quase inevitavelmente, na pluma de uma pessoa não especializada, um tom de "psicologia de *drugstore*". De qualquer maneira, são outros os nossos estímulos.

Mishima se despede de seus pais, sabendo tratar-se do último adeus, em sua casinha puramente nipônica, anexo modesto de sua vistosa residência à moda ocidental. O único comentário importante que possuímos dessa ocasião é o de sua mãe, típica solicitude materna: "Ele parecia bastante cansado..." Palavras simples que lembram o quanto esse suicídio foi não como creem aqueles que nunca pensaram por si mesmos em tal conclusão, o equivalente a um belo gesto resplandecente e quase fácil, mas sim uma ascensão extenuante na direção daquilo que esse homem considerava, em todos os sentidos da palavra, como seu fim apropriado.

A avó, em si, é uma personagem. Oriunda de uma boa família de samurais, neta de um daimiô (vale dizer, de um príncipe), aparentada mesmo à dinastia dos Tokugawas, todo um Japão antigo, mas já em parte esquecido, resiste nela sob a forma de uma criatura doentia, um tanto histérica, sujeita aos reumatismos e às nevralgias cranianas, casada no fim da vida, na falta de melhor sorte, com um funcionário menor.[5] Essa avó inquietante, porém comovente, parece ter vivido em seus aposentos, onde ela confinava o menino, numa existência de luxo, doença e devaneio, isolada em tudo da vida burguesa na qual se instalava a geração posterior. O menino, mais ou menos sequestrado, dormia no quarto de sua avó, assistia às suas

---

5. O pai de Mishima, num desagradável texto de sua lavra publicado após a morte do escritor, menciona que uma parte dos males da avó teria sido devida a uma doença venérea transmitida pelo demasiadamente fogoso governador da ilha. Uma alusão do próprio Mishima vai igualmente neste sentido.

crises nervosas, aprendia bem cedo a tratar de suas chagas, a guiava quando ela ia ao banheiro, vestia trajes de menina que, por capricho, ela às vezes o fazia usar, assistia graças a ela ao espetáculo ritual *no* e àqueles, melodramáticos e sangrentos, do *kabuki* que ele tentaria superar mais tarde. Essa fada louca lhe passou sem dúvida o grão da demência, outrora considerado como necessário ao talento; em todo caso, ela lhe forneceu esses suplementos de duas gerações, por vezes mais que isso, que uma criança recebe antes de seu nascimento caso cresça ao lado de uma pessoa idosa. A esse contato precoce com uma alma e um corpo doentes, talvez, ele tenha devido, lição essencial, sua primeira impressão sobre a *estranheza* das coisas. Mas, acima de tudo, ele lhe deveu a experiência de ser, de forma ciumenta e insana, amado, e de responder a esse grande amor. "Aos oito anos, eu tinha uma namorada de sessenta anos", disse ele em algum momento. Tal começo representa um ganho de tempo.

Que o menino que se tornaria Mishima tenha sido mais ou menos traumatizado por esse ambiente bizarro, como destacam os biógrafos orientados para a psicologia de hoje em dia, ninguém pode negar. Talvez, sem que haja unanimidade sobre isso, ele tenha sido mais marcado e mais ferido ainda pelo desconforto financeiro, resultado das extravagâncias do avô, pela incontestável mediocridade do pai, e pelas "contendas estéreis da família" que ele mesmo evoca, esse pão cotidiano de tantas crianças. A loucura, a lenta decomposição e o amor desordenado de uma mulher idosa são, ao contrário, aquilo que um poeta buscaria nessa vida de poeta, um primeiro quadro pendendo daquele outro, breve e brutal, da morte.

Não é verdade que seus outros ancestrais paternos tenham pertencido, como ele gostava de acreditar, ao clã militar dos samurais. Parece que temos aí um exemplo de enobrecimento que um grande escritor, como Balzac, e até certo ponto Vigny, ou mesmo Hugo, evocando vagos antepassados renanos, às vezes confere a si próprio. Na verdade, o mundo de funcionários e pedagogos do qual Mishima saía parece sustentar o ideal de fidelidade e de austeridade dos samurais de outrora, nem sempre se sujeitando a ele na prática, como o demonstrou seu avô. Mas é evidentemente graças ao estilo e às tradições de sua antepassada que Mishima apresenta, através do conde e da condessa Ayakura de *Neve de primavera,* uma aristocracia já moribunda. Na França, também, é comum que a imaginação do escritor do século XIX desperte diante das fantasmagorias do Gotha[6] pelo contato com uma mulher velha, mas o caso típico foi, sobretudo, o das relações de um homem jovem com uma amante de idade já avançada: Balzac recriou a alta sociedade segundo a imagem que dessa lhe ofereciam, como um leque apenas entreaberto, Madame de Berny e Madame Junot. O personagem Marcel, de Proust, exprime primeiramente sua sede de uma sociedade aristocrática através de uma fixação romanesca por Madame de Guermantes, pelo menos vinte anos mais velha do que ele.

---

6. *Almanaque de Gotha,* publicação que continha a relação das famílias reais europeias. [N.E.]

Aqui, é o laço quase carnal neto-avó que põe em contato a criança com um Japão de outrora. Por meio de uma transposição bem habitual na literatura, a avó, em *Neve de primavera*, é também um personagem excêntrico em relação ao eixo familiar dos Matsugaes, representa a cepa rústica no meio de uma nobreza em vias de ascensão; essa velha robusta que recusa a pensão que o Estado lhe concede por seus dois filhos mortos na guerra russo-japonesa, "porque eles apenas cumpriram com seu dever", encarna uma lealdade camponesa que os Matsugaes deixaram de lado. O delicado Kiyoaki é seu preferido, como o frágil Mishima o foi para sua avó; de todas as duas exala um sopro de outra época.

R elato quase clínico de um caso particular, *Confissões de uma máscara* oferece ao mesmo tempo a imagem da juventude entre 1945 e 1950, não apenas no Japão, mas um pouco em todos os lugares, e que vale ainda até certo ponto para a juventude de hoje em dia. Breve obra-prima da angústia e da atonia a um só tempo, este livro nos leva a pensar, apesar do tema diferente e de sua localização no mapa, em *O estrangeiro*, de Camus, quase contemporâneo; quero dizer com isso que ele contém os mesmos elementos de autismo. Um adolescente assiste, sem o compreender, a julgar que haja algo a ser compreendido, a desastres sem precedentes na história, abandona a universidade pela usina de guerra, vagueia pelas ruas incendiadas como teria feito, aliás, se tivesse vivido em Londres, em Roterdã ou em Dresden, em vez de viver em Tóquio. "Teríamos ficado loucos se aquilo tivesse prosseguido." Foi só após a decantação de vinte anos de lembranças que se desdobrará em toda sua amplidão aos olhos de Honda, grotescamente enfarpelado de polainas de funcionário civil, que ele não sabe usar, o panorama de uma Tóquio com as vigas calcinadas e encanamentos de água retorcidos; a localização impossível de ser reconhecida daquilo que era antigamente o suntuoso parque, loteado, entretanto, dos Matsugaes; e num banco, semelhante a uma velha de pesadelo de Goya, a gueixa quase nonagenária que foi outrora uma "ama de leite de Julieta" para a amante de Kiyoaki, engessada, depilada, emperucada, faminta além do mais, e vindo ela também rever de perto o que não mais existe.

O percurso acima deixa de lado o próprio centro do livro, os incidentes da infância e da puberdade do personagem, discutidos anteriormente a respeito do próprio Mishima, essa pequena obra sendo uma das raríssimas em que se tem a impressão de uma autobiografia na sua versão mais crua, antes que a elaboração romanesca interviesse. Como talvez seja natural em toda autobiografia sincera, escrita corajosamente por um homem de 24 anos, o erotismo invade tudo. Esse relato da tortura pelo desejo frustrado, e ainda não totalmente consciente, poderia da mesma forma se situar em qualquer período na primeira metade do século XX ou, é claro, mais cedo. A necessidade quase paranoica de "normalização", a obsessão da vergonha social, que a etnologista Ruth Benedict definiu tão bem dizendo que ela havia substituído em nossas civilizações a do pecado, sem ganho real para a liberdade humana, se encontram ilustradas quase a cada página, como se não o tivessem sido num Japão antigo, mais relaxado em certos aspectos, ou se conformando a outras normas. Bem evidentemente, também, o personagem, sintoma clássico, se acredita sozinho no mundo a experimentar o que experimenta. Clássico até o fim, esse menino ainda fraco, sem o *status* social nem a riqueza de seus condiscípulos da Escola de Pares, onde foi admitido por estreita margem, enamora-se em silêncio e de longe do aluno mais adulado e mais atlético; é a eterna situação Copperfield-Steerforth[7], com mais audácia no que diz respeito aos fantasmas amorosos, já que de qualquer modo trata-se aqui unicamente de fantasmas. O sonho interrompido durante o qual o bem-amado é servido como parte de um banquete antropofágico não oferece exatamente uma imagem agradável, mas basta ter lido Sade, Lautréamont ou, de modo ainda mais pedante, referir-se aos devotos da Grécia Antiga compartilhando a carne crua e o sangue de Zagreu para constatar que a recordação de um selvagem rito de devoradores ainda paira um pouco em toda parte dentro do inconsciente humano, resgatado somente por alguns poetas suficientemente audaciosos para fazê-lo. O folclore japonês, por outro lado, está tão repleto de *pretas*, fantasmas famintos que engolem os mortos, que essa fantasia lúgubre leva a pensar neles, e também em um de seus admiráveis *Contos da chuva e da lua*, compostos no século XVIII por Ueda Akinari, "O demônio", no qual um padre necrófilo e antropófago é curado e salvo por um confrade zen. Aqui, cura alguma se produz, e nenhuma salvação existe para o jovem sonhador, exceto sem dúvida a habitual e

---

7. No romance *David Copperfield* (1850), de Charles Dickens, David se torna o "protegido" do colega de internato James Steerforth, mais forte e popular. [N.E.]

lenta reabsorção dos fantasmas da adolescência no limiar da idade adulta.

O envolvimento hesitante, e que não se realiza, do herói de *Confissões de uma máscara* e sua amiga de infância, casada com outro homem, seus encontros sempre um pouco fortuitos ou quase furtivos na rua ou nos bares, poderiam ter também transcorrido em Paris ou Nova York, assim como em Tóquio. Essa jovem japonesa, ela mesma pouco à vontade na vida, fala de se fazer batizar, como uma jovem americana de hoje em dia falaria em aderir ao zen. Reconhecemos também o olhar furtivo lançado pelo rapaz, um tanto cansado de sua companheira graciosa e bastante insípida, aos belos vigaristas reunidos no balcão do bar. O livro termina com esse indício.

Antes de *Confissões de uma máscara*, Mishima conheceu apenas alguns poucos sucessos de crítica. Seu primeiro livro, *Hanazakari no Mori* [A floresta em flor], obra de seus dezesseis anos, havia sido inspirado pelo antigo Japão poético; de tempos em tempos, contos sobre o mesmo tema e no mesmo estilo iriam resvalar até o fim nessa produção cada vez mais "decididamente moderna". Seu conhecimento do Japão clássico era, dizem-nos, superior ao da maior parte de seus contemporâneos, excetuando-se, é claro, os eruditos. Sua familiaridade com as literaturas europeias não era menor. Dessas, ele lê apenas os clássicos, com, ao que parece, uma predileção por Racine.[8] Ele começa a estudar grego ao voltar da Grécia e se enriquece o bastante a ponto de infundir nesta breve obra-prima que é *Mar inquieto* as qualidades do equilíbrio e da serenidade que se convencionou acreditar gregas.

---

8. Pouco antes de sua morte, ele aparecerá mais uma vez em cena enquanto comparsa (um dos guardas) numa tradução de *Britannicus* que ele supervisionou. Henry Scott-Stokes, em sua biografia de Mishima, lançada em Nova York em 1974, observa que os três outros guardas, segundo uma fotografia, apresentam um ar dissimulado e um tanto vago, tão frequente nos comparsas estranhamente vestidos de soldados. Somente Mishima tem as feições duras e a atitude que convêm.

Principalmente, ele praticou a literatura moderna europeia, de pré-contemporâneos como Swinburne, Wilde, Villiers ou D'Annunzio, até Thomas Mann, Cocteau, Radiguet, cuja precocidade e, sem dúvida, o fim em plena juventude, o fascinaram.[9] Menciona Proust e cita André Salmon em *Confissões de uma máscara*, e é em obras já um tanto antiquadas do Doutor Hirschfeld que vai procurar um catálogo das suas próprias pulsões sensuais. Mishima parece ter estado por muito tempo, e até o fim, ligado sobretudo aos literatos da Europa, menos pelo conteúdo, que com frequência reforça e confirma o seu, do que por aquilo que eles lhe trazem de novo e insólito na sua forma. Entre 1949 e 1961, ou mesmo antes conforme veremos, a feitura de seus maiores livros, e de outros também, não tão bons, será mais europeia (porém não americana) do que japonesa.

---

9. Os dois nomes citados com maior frequência por certos críticos em relação a Mishima são os de D'Annunzio e de Cocteau, e, não raro, com uma determinada intenção de denegrir. Nos dois casos, em alguns aspectos, as relações existem. D'Annunzio, Cocteau, Mishima são grandes poetas. Souberam também organizar sua própria publicidade. Em D'Annunzio, a eloquência do estilo barroco pode se comparar à de Mishima, sobretudo em alguns dos primeiros livros, inspirados pelos requintes da época Heian; o gosto dannunziano pelos esportes se assemelha, ao menos superficialmente, à paixão de remodelar o corpo através de uma disciplina atlética; o erotismo, mas não o donjuanismo de D'Annunzio, se encontra em Mishima, e mais ainda seu gosto pela aventura política, que conduzirá um a Fiume, e o outro ao protesto público e à morte. Mas Mishima escapa desses longos anos de reclusão e de "claustro" camuflado sob as honrarias, que fazem do fim de D'Annunzio uma irrisória tragicomédia. Por conta de sua extraordinária versatilidade, Cocteau assemelha-se talvez ainda mais a Mishima, mas o heroísmo (exceto esse heroísmo secreto do poeta que não deve nunca ser esquecido) não foi uma de suas características. Além disso (e a diferença é grande), a arte de Cocteau tem um toque de bruxo, a de Mishima, de visionário.

A partir do sucesso notável de *Confissões de uma máscara*, nasce o escritor; ele será doravante, para valer, Yukio Mishima.[10] Renuncia ao cargo de burocrata que seu pai o fez aceitar; este, convencido pelos relatórios de direitos autorais, cessa de deplorar as audácias do livro. Mishima encarna então seu papel de escritor brilhante e irregular, quase demasiadamente talentoso, fecundo em excesso, não por complacência ou desleixo, mas porque se trata de prover amplamente a si e aos seus, e o que só conseguirá dedicando parcialmente seu tempo à literatura alimentícia, destinada às revistas de grande tiragem e publicações femininas. Essa mistura de mercantilismo e de gênio literário não é rara. Não apenas Balzac teve seu período de romances de subsistência caídos no esquecimento, mas ainda é impossível discernir, na massa profusa de *A comédia humana*, o que é invenção devido à necessidade de dilatar as vendas e o que vem de seu possante delírio criador. A mesma ambivalência existe em Dickens: a pequena Nell, o pequeno Dombey, a angélica Florence, Edith e seu adultério projetado (projetado, mas nunca consumado, pois não se deve chocar os leitores), os remorsos de Scrooge e as inocentes alegrias do pequeno Tim nascem ao mesmo tempo do desejo de oferecer à honesta burguesia leitora de romances um pasto a seu gosto e de dar livre curso aos poderes quase visionários.

---

10. Seu verdadeiro nome era Kimitake Hiraoka. O pseudônimo foi escolhido pelo escritor adolescente desde sua primeira obra, *A floresta em flor*. Mishima é o nome de uma cidadezinha ao pé do Monte Fuji; a ressonância do nome Yukio faz lembrar a neve.

O hábito de publicar em folhetim os romances, frequente na Europa do século XIX e indispensável ainda no Japão de Mishima, as exigências, em casos semelhantes, dos diretores de jornais precedendo às dos editores e do próprio público forçaram com constância essa comercialização do produto literário. Mesmos os solitários natos que foram Hardy e Conrad, um tanto desprovidos de afinidades com a subcultura de sua época, consentiram em desnaturar certas obras no sentido de agradar ao gosto popular; estes grandes romances, como *Lorde Jim*, foram com toda evidência compostos às pressas e compulsivamente até o final, tudo isso para traduzir a imagem mais profunda que um homem se faz da vida e para pagar no prazo as contas de uma família burguesa. Parece que o escritor jovem e ainda obscuro não tem escolha, e que, alcançando o sucesso, esse costume seja irremediavelmente contraído. No máximo, pode-se dizer, em relação aos maiores deles, que essas necessidades financeiras, que vão quase sempre no sentido oposto ao da obra de arte, constrangeram a habitual inércia do sonhador, e contribuíram para fazer de sua obra este vasto magma que se assemelha à vida.

O caso de Mishima apresenta algumas poucas diferenças. Essa torrente lucrativa foi canalizada, dir-se-ia, por uma severa disciplina. Assim como, doentio e tido como tuberculoso desde sua tenra juventude, o escritor japonês, quaisquer que fossem suas ocupações e as distrações que abundavam em sua vida, consagrava a cada dia duas horas aos exercícios físicos destinados a reestruturar seu corpo; esse homem a quem a profusão de álcool dos bares e das noitadas literárias não conseguia embebedar se trancava em seu escritório, por volta da meia-noite ou mais tarde, para dedicar duas horas a seus textos de fabricação corrente, elevando assim a 36 o número de volumes de suas obras completas, ao passo que para sua glória seis ou sete bastariam. O que restava da noite e das horas ao amanhecer era em seguida consagrado aos "seus livros". Parece impossível que o medíocre, o factício, o pré-fabricado da literatura produzida para o uso das massas ledoras, mas não pensantes, que esperavam que o escritor lhes remetesse à imagem que elas se fazem do mundo, contrariamente ao que seu próprio gênio obriga, não invadissem com frequência as verdadeiras obras, e é um problema que nós teremos de elucidar em relação ao *Mar da Fertilidade*. Mas a experiência paralela nunca foi feita: não tendo sido jamais traduzida qualquer das obras previstas para o consumo corrente, nós não podemos, e sem dúvida seria de qualquer maneira enfadonho fazê-lo, procurar nessa miscelânea de temas melhor tratados em outros textos uma imagem deslumbrante ou nítida, um episódio ardente de verdade que poderia ali ter caído como se por acaso e que fosse feito para perdurar em suas "verdadeiras obras". Parece difícil que seja de outra maneira.

Não se pretende aqui explorar exaustivamente, um a um, os romances, de tipos variados, mas em sua maior parte de uma qualidade ou de um interesse inegável, que se intercalam entre *Confissões de uma máscara* e os esboços desse "grande projeto" que foi para Mishima o *Mar da Fertilidade*. O teatro também será tratado de maneira breve; e o único romance literário de Mishima que foi um fracasso, *Kyoko no ie* [A casa de Kyoko], terá se passado em silêncio, por força das circunstâncias, já que não foi traduzido em qualquer língua europeia. Essas obras aparentemente díspares, que teriam bastado para dar ao seu autor um lugar proeminente dentro da produção de seu tempo, balizam os caminhos pelos quais um grande escritor passa, antes de enfrentar unicamente, e exprimir com amplidão necessária, seus poucos temas essenciais que, por sinal, olhando-se bem de perto, já transpareciam em seus primeiros livros.

Por conta da preocupação em fixar uma imagem a uma notícia popular contemporânea pouco modificada, alguns desses relatos do jovem Mishima pertencem à categoria raríssima do presente surpreendido no exato instante: reencontraremos até o fim essa necessidade dele de capturar de imediato a atualidade que passa. Outros, por vezes, deslizam na reportagem, ou, o que é pior, na elaboração romanesca concluída com demasiada rapidez. Em quase todos, a feitura europeia predomina, quer se trate do realismo lírico de *A sede de amar* e de *O Pavilhão Dourado*, ou então dessa representação mordaz que é *O marinheiro que perdeu as graças do mar*. Quase pode se dizer que, até a idade de cerca de quarenta anos, esse homem que a guerra deixou ileso — ao menos ele assim acreditava [11] — concluiu em si a evolução que foi a de todo o Japão, passando rapidamente do heroísmo dos campos de batalha à aceitação passiva da ocupação, reconvertendo suas energias no sentido dessa outra forma de imperialismo que são a ocidentalização renhida e o desenvolvimento econômico a qualquer preço. As fotografias de um Mishima de smoking ou de fraque, cortando a primeira fatia de seu bolo de casamento na International House de Tóquio, santuário do Japão americanizado, ou então de um Mishima dando conferências num terno impecável de homem de negócios, persuadido de que um intelectual deve ser igual a um banqueiro, são características de sua época. Mas as obsessões, as paixões, os desgostos de adolescência e da idade adulta continuam a aprofundar sob a superfície e dentro dos livros cavernas que se tornaram labirínticas.

---

11. Ele mesmo disse que a morte da sua irmã, levada pelo tifo em 1943, aos dezesseis anos, o atormentou muito mais.

A fotografia do Mishima-São Sebastião não está longe; aquela do homem mastigando uma rosa enorme que parece, por sua vez, devorar seu rosto, tampouco está muito longe. E eu guardo para a última página deste ensaio uma fotografia ainda mais traumatizante.

Cores proibidas é um romance de aparência tão descuidada que chega-se a suspeitar que ele tenha se evadido da "produção comercial" simplesmente por conta de seu tema. Como sempre em Mishima, os cálculos abundam, mas para resultar em somas que parecem equivocadas. Estamos nos ambientes gays do Japão do pós-guerra, mas a presença da ocupação só é percebida através de alguns raros fantoches em busca do prazer; a festa de Natal quase sacrílega regada a fortes doses de uísque por um americano riquíssimo poderia se passar em Nova Jersey, assim como em Yokohama. O bar onde se laçam e desenlaçam as intrigas é semelhante a todos os bares. Yuichi, o jovem homem-objeto, atravessa imbróglios inverossímeis, perseguido por bufões dos dois sexos. Aos poucos, nós percebemos que esse romance-reportagem é um romance-fábula. Um ilustre e rico escritor, exasperado pelas infidelidades de sua esposa, serve-se de Yuichi como um instrumento de vingança contra os homens e as mulheres.[12] A história tem um desenlace feliz à sua altura: Yuichi herda uma fortuna e vai, alegremente, fazer com que engraxem seus sapatos.

---

12. Convém observar em relação a isso, neste livro desprovido de qualquer poesia romântica, um detalhe de uma beleza trágica quase insuportável: o ilustre escritor, na presença do cadáver da infiel que se jogou dentro do rio, coloca sobre o rosto da morta uma máscara *no* da qual a carne intumescida transborda por todos os lados.

Conforme veremos, entre outros, em relação ao terceiro volume de *Mar da Fertilidade*, nosso embaraço nasce de uma incerteza: o autor é cúmplice da indolência de seus personagens ou lança sobre eles o olhar distanciado do pintor? A resposta não é fácil de achar. O romancista não reveste o meio que descreve com a poesia fuliginosa de um Genet. Certas observações levam a pensar nos esboços de *Satíricon*: camaradagens fáceis com maço de cigarros e caixa de fósforos guardados sob o travesseiro, diálogos inspirados pelos jornais de esportes, relatos presunçosos sobre os desempenhos esportivos que lembram as aulas de ginástica na escola. Duas cenas centradas sobre a condição feminina vão mais longe: numa, Yuichi acompanha sua jovem mulher ao ginecologista (pois ele está casado, essa é uma das astúcias do mágico) para obter a confirmação da primeira gravidez dela, e os cumprimentos a um só tempo insípidos e ingênuos do célebre doutor ao jovem casal perfeito. Numa outra, Yuichi, que teve acesso à sala de parto, assiste ao longo labor de sua mulher. "A parte inferior de seu corpo parecia fazer um esforço para vomitar."[13] Os órgãos femininos, que nunca haviam parecido para o moço senão como uma "louça de porcelana oca", revelam sob o escalpelo da operação de cesariana sua verdade de carne e sangue. Cena iniciática, como toda morte e todo nascimento, que em todos os lugares as convenções dão um

---

13. Mishima voltará a se servir da mesma imagem para a trágica descrição do *seppuku* em *Patriotismo*. O ventre aberto, deixando escapar as entranhas, parece também vomitar.

jeito de cobrir com um lençol, ou da qual elas nos desviam discretamente o olhar.

Comparado a esse romance rangente, como se diz que rangem as rodas mal-lubrificadas de um carro, *O Pavilhão Dourado* é uma espécie de obra-prima. Talvez, a despeito do que parece ser uma excelente tradução francesa, nos surpreendemos principalmente na releitura, quando esse livro é reintegrado em toda a obra, na qual ele se inscreve como se no interior de uma polifonia. Como tantas vezes ocorre em Mishima, a fabulação está conectada ao imediato, ao atual, ou seja, ao *fait divers*: em 1950, um jovem monge fazendo seu noviciado no Templo do Pavilhão Dourado, lugar sagrado, famoso pela sua beleza arquitetural e sua localização à margem de um lago próximo de Kyoto, incendiou a velha construção de quase cinco séculos e impregnada de recordações gloriosas da época de Yoshimitsu. O Pavilhão foi reerguido em seguida, enquanto Mishima, com o auxílio dos autos do processo, reconstruía por sua vez os motivos e a execução do crime. Tipicamente, entre as motivações do culpado, nas quais parecem ter tido participação a ambição frustrada e o rancor, o escritor retém uma única: o ódio à Beleza, a exasperação diante dessa joia demasiadamente elogiada que é o Pavilhão Dourado, cristalizado em sua perfeição secular. Como foi o caso para o incendiário em carne e osso, sua gagueira e sua feiura isolam o noviço da amizade humana: atormentado e ridicularizado, ele só tem por companheiros um menino ingênuo, cujos pais camuflarão em acidente o suicídio por razões de amor, e um rapaz de pé torto, malvado e cínico, que se aproveita da própria enfermidade para enternecer e seduzir as mulheres. Mais uma vez, esse ambiente eclesiástico budista surpreende menos do que se teria imaginado: um Huysmans na virada do século, um Bernanos na época em que ardia o Pavilhão Dourado, tivessem eles podido descrever o mesmo seminário poeirento, os estudos vetustos, a oração reduzida a uma vã rotina, o corajoso superior, que ocasionalmente, dissimulado sob um chapéu de feltro e um cachecol, vai à cidade atrás das moças. Um seminarista católico dessa época, indignado pelo "entorpecimento da religião", e incendiando qualquer velha igreja venerada, não é tampouco impensável no Ocidente. O medíocre noviço que narra sua vida insípida parece de uma verdade gritante; ao mesmo tempo, por meio de um fingimento que se acha ao centro de toda criação literária, o autor insuflou nele não apenas uma parte da sensibilidade que lhe permitiu compreender e recriar o personagem, mas ainda esse dom de dizer e modular o que ele sente, que é privilégio do poeta. Resumindo, esse romance realista é um canto.

    A ambivalência do amor-ódio do noviço pelo Pavilhão Dourado cria ainda uma alegoria. Um crítico europeu viu aí, equivocadamente em minha opinião, sobretudo na data em que esse texto foi escrito, o símbolo do corpo, ao qual Mishima concede uma espécie de valor supremo, principalmente por ser destrutível, e acima de tudo, talvez, por poder ser destruído com as próprias mãos. Uma visão ao mesmo tempo sofisticada e primitiva, como existem tantas nessa crítica de nosso tempo, que não dá conta do momento específico em que se situa um livro no curso de uma vida, e insiste em associar o autor à sua obra por meio de cabos em vez de finos capilares. Durante as ameaças de bombardeio, o sentimento que o noviço experimenta pelo Pavilhão Dourado é de amor; ambos estão ameaçados. Depois, durante uma noite de tufão, quando o Pavilhão, "o templo sobre o qual se inspiravam as estruturas de meu universo", se acha milagrosamente protegido da tempestade que passa sobre o lago sem desabar, a alma do noviço de alguma forma se rasga, metade para o lado da obra-prima e metade para o lado do vento. "Mais forte! Mais forte! Mais um esforço!" O romantismo do Ocidente conheceu as mesmas tentações que são estas do ser que quer chegar até o fundo de si mesmo. "Levantem-se, desejadas tormentas, que deverão carregar René para os espaços de outra vida!" Em seguida, à medida que o noviço se torna sombrio e amargurado, o templo, à vontade dentro da sua perfeição, se torna um inimigo. Contudo, ele é, ao mesmo tempo, para o jovem feio, como o indica uma série de meditações certamente impregnadas pelo budismo tântrico, ELE MESMO. O adolescente com o coração enfermo consegue imaginar um Pavilhão Dourado não mais imenso, cingindo em si toda a beleza do mundo, como o vira de início, porém minúsculo, o que, aliás, dá no mesmo, molécula que ele carrega em si encerrada, como um germe. Num outro momento, a pedra que o inocente Tsurukawa joga de brincadeira no lago parte e dissipa em ondas oscilantes o reflexo do objeto perfeito: outra imagem budista de um mundo em que nada é fixo. Quanto mais cresce no noviço o desejo de destruir a obra-prima, mais nos voltam ao espírito os conselhos paradoxais dos patriarcas zen, aprovando que queimemos as santas efígies do Buda sob forma de lenha para nos aquecermos, ou ainda a advertência famosa do *Rinzairoku*: "Se encontrar o Buda, mate-o; se encontrar teus pais, mate-os; se encontrar teu ancestral, mate teu ancestral! Só assim você se libertará!" Frases perigosas, mas que não deixam de lembrar certas advertências evangélicas. Trata-se sempre de sobrepor à sabedoria prudente e corrente da qual vivemos ou sobre a qual vegetamos todos, a sabedoria perigosa, mas revigorante, de um fervor mais livre e de um absoluto mortalmente puro. "Eu estava só, envolvido pelo absoluto do Pavilhão Dourado. Era eu que o possuía, ou estava eu possuído por ele? Não iremos nós alcançar um momento de equilíbrio raro em que eu era o Pavilhão Dourado tanto quanto o Pavilhão Dourado era eu?"

E de fato, assim que ele desencadeia o fogo, o primeiro movimento do incendiário é o de se deixar consumir por ele. Tenta, sem conseguir, abrir a porta do santuário transformada em braseiro, e recua, sufocado pelas volutas de fumaça, que transformam seu projeto de agonia num violento ataque de tosse. Finalmente, ele é detido na colina que domina o templo, farto de bolos baratos que enchem seu estômago esfaimado de monge malnutrido por conta da precária alimentação do pós-guerra, tendo renunciado também a esse projeto de suicídio subsequente para o qual ele comprou uma faca, Heróstrato lastimoso que simplesmente deseja viver.

Após a obra-prima negra, *Confissões de uma máscara*, e dessa obra-prima vermelha, *O Pavilhão Dourado*, uma obra-prima clara: *Mar inquieto* é um desses livros felizes que um escritor, em geral, só escreve uma vez na vida. É também um desses livros cujo êxito imediato é tamanho que os desgasta aos olhos dos leitores difíceis. Como o estatuário grego da bela época evita, sobre os planos do corpo humano, as cavidades e os realces demasiadamente pronunciados, que criariam fraturas de luz e sombra para melhor expor ao olhar e à mão a infinita delicadeza do modelo, *Mar inquieto* é um livro sobre o qual a interpretação crítica não tem controle. Idílica história de um rapaz e de uma moça numa ilha japonesa sem outros recursos, para os homens, além da pesca ao largo e, para as mulheres, durante uma breve temporada do ano, o mergulho em busca de abalone, moluscos com revestimento de madrepérola, esse livro oferece a pintura de uma vida, não miserável, mas limitada ao estrito essencial, e de um amor contrariado somente por uma ínfima diferença de classe entre o filho de uma pobre viúva, pescadora de abalone, e a filha de um tripulante de um navio de cabotagem que, para os aldeões, parece riquíssimo. O autor retornava da Grécia na época em que começou esse curto romance, e o entusiasmo por essa Grécia novamente descoberta inseriu-se, invisível e presente, na descrição de uma pequena ilha japonesa. Assim, para arriscar uma comparação com certeza esmagadora, *Guerra e paz* parece a epopeia eslava por excelência, mas nós sabemos que Tolstói, ao escrevê-la, se extasiava com Homero. Unicamente pelo tema, que é o amor juvenil, *Mar inquieto* assemelha-se em primeiro lugar a uma das inumeráveis versões de *Dafne e Cloé*. Mas nesse ponto convém admitir que, deixando de lado toda superstição da antiguidade, e antiguidade esta, por sinal, de uma época bem fraca, das duas obras, a linha melódica de *Mar inquieto* é infinitamente a mais pura. Não somente cada episódio é tratado com um sóbrio realismo, sem aqueles poucos incidentes romanescos ou tradicionalmente melodramáticos que Longo se autoriza, mas, também, principalmente, nada no romance de Mishima sugere o desejo de comover o leitor com os divertimentos artificialmente prolongados dos dois jovens experimentando o amor sem descobrir as receitas do prazer carnal. A cena célebre em que o rapaz e a moça, encharcados pelo temporal, se despem e se aquecem, separados por uma fogueira feita de lenha seca, ultrapassa por pouco a verossimilhança num país em que o nu erótico foi por muito tempo raríssimo, mas no qual a nudez cotidiana, por exemplo a dos banhos dos quais participam os dois sexos, permaneceu tradicional nos ambientes que não se ocidentalizaram em demasia. Esses jogos tímidos, ao lado das flamas, lançam sobre *Mar inquieto* belas luzes e belos reflexos, bem próximos daqueles do fogo ritual xintoísta. Uma cena como aquela em que as pescadoras de abalone, nuas, enregeladas, aquecem seus velhos e jovens corpos, lançando olhares ávidos para os porta-moedas de plástico que lhes oferece o mercador nos conduz para bem longe das *Pescadoras de abalone* de Utamaro[14], nas quais a graça sobrevive ao cansaço. Denota-se aí um tema que reaparecerá em *Mar da Fertilidade*: o contraste entre as duras e puras forças elementares e o luxo pobre de um mundo gangrenado. A cena final em que o rapaz obtém as graças do proprietário de navios cargueiros se lançando ao mar, durante um tufão, para reatar um cabo que ancorava o navio fundeado no porto a uma boia é ao mesmo tempo mitológica e real. Aquele corpo branco e nu envolvido pelas ondulações tortuosas da água escura se debate, controlando seu fôlego, melhor do que qualquer Leandro legendário nadando para encontrar Hero. Parece que o casal formado pela moça, de aspecto mais modesto, e pelo rapaz, mais deslumbrante, como ocorre nos casais do mundo animal, realiza enfim para o poeta a imagem de uma espécie de androginia cindida em dois seres.

Utage no ato [Depois do banquete], que resultou para seu autor num processo de difamação, é outro exemplo dessa paixão em se conectar à atualidade, mas nesse caso política e mundana, da qual já se falou. Seu interesse para

---

14. Pintura erótica de Utamaro Kitagawa (1753-1806), feita em 1798. [N.E.]

nós é principalmente o de evocar, sob o aspecto de uma proprietária de restaurante da moda, um tipo de mulher enérgica, sedutora e hábil nos negócios, que atravessa de tempos em tempos os romances de Mishima. Nós a reencontraremos num nível social mais alto na Keiko de *Mar da Fertilidade* e, silhueta mais magra e mais "em voga", na jovem viúva de *O marinheiro que perdeu as graças do mar*, dona de uma butique elegante em Yokohama. Esse conto longo, de uma perfeição gelada como a lâmina de um bisturi, veio tarde na obra de Mishima, e já aborda outros temas medonhos que serão vistos mais adiante. Aí também, essa violência fria, essa esterilidade de uma vida quase elegante e quase fácil são, em todos os aspectos, características de nossa época: um filme inglês apresentou essa sombria aventura com atores britânicos e nas paisagens da Inglaterra, sem que muita coisa fosse alterada dessa história sobre a ligação entre um marinheiro romanesco e uma viúva sensual e jovem, nem sobre maquinações de um bando de crianças vivissecionistas. Mas já estamos mergulhados no horror, sem rodeios.

A maior parte das peças de Mishima, tão bem acolhidas no Japão quanto seus romances, e por vezes até mais, não foi traduzida[15]; só podemos então nos restringir aos *Kindai*

---

15. *Onnagata*, um dos melhores contos de Mishima, aborda o teatro ao evocar com sutileza a posição de um ator tradicional de *kabuki* se dedicando aos papéis femininos e obrigado pelos costumes a falar, comer, caminhar como mulher na vida corrente, sob pena de lhe faltar naturalidade em cena e, ainda assim, continuar se sentindo e fazendo sentir através de seu disfarce

Nagakushu [Cinco *nos* modernos], que datam dos anos 1950, e à *Madame de Sade*, composta mais próxima de sua morte. Oferecer aos *nos* um equivalente moderno apresenta mais ou menos as mesmas atrações e os mesmos perigos que passar da antiguidade para a contemporaneidade uma peça grega: atração por um tema esclarecido de antemão, conhecido de todos, que já emocionou gerações de amantes da poesia, e cuja forma é, por assim dizer, espreitada há séculos; risco de cair no pastiche raso ou no irritante paradoxo. Cocteau, Giraudoux, Anouilh e, antes deles, D'Annunzio, e depois deles alguns outros, com sucessos e fracassos variados, passaram por tudo isso. A dificuldade para o *no* é ainda maior, pois as peças ainda estão impregnadas do sagrado, elemento um tanto arejado para nós no drama grego, posto que se trata de uma religião considerada morta para o espectador. O *no*, ao contrário, que amalgama mitologia xintoísta e lenda búdica, é produto de duas religiões ainda vivas, mesmo que sua influência tenda hoje a ser obliterada. Sua beleza se deve em parte à mistura sob nossos olhos de entes vivos e de fantasmas, quase parecidos uns com os outros num mundo em que a impermanência é lei, mas raramente convincentes em nossos cenários mentais de hoje em dia. Mishima se mantém, na maior parte dos casos, à altura. É difícil ficar insensível, em *Aoi no Ue* [A senhora Aoi],

---

a presença de um homem observando e imitando uma mulher. Eis um tema que aborda com profundidade as relações entre a arte e a vida. Parece que é graças à sua longa amizade com um *onnagata* célebre, Utaemon, que Mishima descobriu "o paradoxo do ator" e, ao mesmo tempo, o do teatro, ainda que o próprio escritor, salvo engano, nunca tenha utilizado em suas peças consideradas "modernas" o clássico travesti.

à vigília de Genji (aqui na pele de um rico e brilhante homem de negócios) no quarto de uma clínica, onde sua mulher, Aoi, definha com uma grave doença nervosa, tampouco à entrada por uma porta e à saída por outra de um iate espectral no qual, como se contra a própria vontade, ele embarca com uma amante do passado, Rokujo, que não é senão o "fantasma vivo" pelo qual a infeliz Aoi se sente lentamente supliciada. Mais extraordinário, se isso é possível, é o cenário de *Aya no Tsuzumi* [Tambor de brocado]: o vazio azul, o céu rachado, percebido entre dois andares superiores do prédio, o da esquerda, salão de alta-costura frequentado por uma cliente austera e frívola, o da direita, escritório de advocacia, onde espia pela janela um velho funcionário apaixonado. Como na peça antiga, uma rocha embrulhada num pedaço de seda, um "tambor de brocado", um simples acessório de teatro, é enviado de brincadeira ao velho. Ele não emite, adivinha-se, som algum, símbolo da indiferença da bela ante a presença do ingênuo apaixonado que se esgota em vão sobre o instrumento, batendo cada vez mais forte, como um coração desgovernado que vai se partir.

Madame de Sade apresenta uma proeza admirável: toda em diálogos, como em Racine, sem ação, exceto nos bastidores ou por meio de relatos interpostos, a peça é composta inteiramente de um contraponto de vozes femininas: a esposa afetuosa, a sogra convencionalmente perturbada pelos excessos de seu genro, a irmã que se torna a amante do culpado perseguido, uma criada discreta, uma devota amiga da família e, menos agradável de ouvir do que as demais, uma Sade fêmea, adepta do marquês, espécie de

Madame de Merteuil mais extravagante, enfileirando tiradas de um cinismo declamatório, feitas, ao que parece, para chocar o público. A peça se beneficia do estranho fascínio que produz todo romance ou todo drama centrado em torno de um ausente. Sade fica invisível até o fim, como em *As ondas*, de Virginia Woolf, aquele Percival bajulado por todos os outros personagens do livro. A esposa de coração fiel, que acaba graças ao afeto (ou por qual outra obscura razão?) por participar de uma cruel e degradante orgia, nos emociona, ainda que um incômodo se insurja em nós, ouvindo-a glorificar em Sade uma espécie de hipóstase do Mal destinada a criar novos valores, rebelde grandioso e caluniado, um pouco como o foi Satã aos olhos de Baudelaire e Bakunin. Essa oposição quase maniqueísta do Mal e do Bem, estranha ao pensamento extremo-oriental é, além disso, desgastada até o osso para nós sob esta forma: nós já vimos demasiadas vezes se desencadearem as forças do mal para acreditarmos ainda no Mal romântico. Mishima europeizado, usando todos os seus trunfos de homem de teatro, parece cair numa retórica fácil. Mas o momento que se segue é grandioso: essa esposa que não parou de visitar o prisioneiro através das barras, na escuridão de sua cela, que leu com paixão *Justine* e que acaba de nos fazer um elogio ardente de seu autor, é interrompida pela chegada da criada, anunciando a essas senhoras que o senhor Marquês, libertado pelos revolucionários (estamos em 1790), se encontra à porta. "Eu mal o reconheci... Está com um casaco de lã preta remendado nos cotovelos, e a gola da camisa está tão suja (com todo respeito) que o tomei por um velho mendigo. E ele está tão gordo... O rosto está inchado e pálido... Suas roupas parecem pequenas demais para sua corpulência... Quando ele murmura alguma coisa, vê-se que não lhe restam na boca senão alguns dentes amarelados... Mas ele me disse com dignidade: 'Eu sou Donatien Alphonse François, Marquês de Sade.'" Madame de Sade reage pedindo-lhe que diga ao marquês para ir embora, e que ele fique sabendo que ela nunca mais o verá em sua vida. Com esse veredicto, desce a cortina.

O que se passou? Madame de Sade, que nele amou o ideal do Mal personificado, entrevisto na obscuridade de uma prisão, não quer mais saber desse homem gordo e deformado? Acreditará ela que seja mais sábio, como imaginava alguns instantes mais cedo, se retirar num convento para rezar a distância, não pela salvação de seu marido, como o sugeriu uma amiga devota, mas para que ele prossiga na carreira de demiurgo maldito que Deus lhe deu como missão? Simplificando, estará ela com medo, agora que as barras de ferro não os separam mais? O mistério se fecha mais denso do que antes sobre Madame de Sade.

Com *Mar da Fertilidade*, tudo muda. Em primeiro lugar, o ritmo. Os romances já mencionados se estendem entre 1945 e 1963; a composição dos quatro volumes da tetralogia se concentra entre os anos fatais, 1965-1970. A lenda, se já podemos falar em lenda, diz que as últimas páginas do quarto volume, *A queda do anjo*, teriam sido escritas por Mishima exatamente na manhã de 25 de novembro de 1970, ou seja, poucas horas antes de seu fim. Mas o fato foi refutado: um biógrafo garante que o romance foi concluído em Shimoda, praia onde, a cada ano, o escritor passava o mês de agosto com sua mulher e seus dois filhos. Mas terminar a última página de um romance não é necessariamente concluí-lo: um livro só termina no dia em que é colocado dentro de um envelope endereçado ao editor, como o fez Mishima naquela manhã do dia 25 de novembro, momento em que uma obra sai definitivamente da placenta vital onde se elaboram os livros. Se as últimas páginas não foram escritas, ou pelo menos retocadas, naquela manhã, assim mesmo elas testemunham um derradeiro estado do pensamento que, por sinal, antecede em muito as férias em Shimoda, durante as quais foi estabelecida, ao que parece, a data do ritual suicida, também conhecido como *seppuku*. *Mar da Fertilidade* é por inteiro um testamento. Seu título, para começar, prova que esse homem tão violentamente vivo tomou sua distância da vida. Esse título é emprestado da antiga selenografia dos astrólogos-astrônomos da época de Kepler e de Tycho Brahe. "Mar da Fertilidade" foi o nome dado a uma vasta planície visível no centro do globo lunar, e da qual sabemos agora se tratar, como todo nosso satélite, de um deserto sem vida, sem água, e sem ar. Não se pode deixar de assinalar, de início, que, dessa efervescência que anima alternadamente quatro gerações sucessivas, de tantos empreendimentos e de contraempreendimentos, de falsos sucessos e de verdadeiros desastres, o que finalmente sobressai é Nada, o Nada. Resta saber se esse nada, que se aproxima talvez do *Nada* dos místicos espanhóis, coincide exatamente com aquilo que nós chamamos *rien* em francês.

Em seguida, e talvez mais importante ainda, a composição e o estilo mudaram. No lugar de obras nascidas separadamente da imaginação do autor, quaisquer que fossem as relações que se possam ver ou presumir entre elas, quatro volumes compõem uma sequência, com toda evidência apontada desde o início para certos fins. Em vez de uma prosa como um escritor ocidental, da mesma forma inspirado, tivesse podido, digamos, escrever, quer se trate do estilo descontraído de *Cores proibidas*, do subjetivismo de *Confissões de uma máscara*, do sóbrio equilíbrio de *Mar inquieto*, do exuberante *O Pavilhão Dourado* ou do seco *Marinheiro*, nós nos encontramos diante de um estilo desnudado, por vezes quase lasso, contido até nos momentos de lirismo, estriado de fissuras destinadas, ao que parece, a provocar intencionalmente o tropeço. Mesmo na excelente tradução inglesa, as soluções de continuidade desconcertam, e talvez no original também elas deixem o leitor perplexo. As perspectivas da pintura europeia dão lugar a estas, imergentes, da pintura chinesa, ou do desenho estendido de estampas japonesas, nos quais as faixas horizontais, figurando convencionalmente estratos nebulosos invasores, cortam os objetos e segmentam o espaço. Como ocorre com toda escrita ou pensamento muito voluntário, o livro irrita ou decepciona enquanto não se aceita a originalidade da obra como tal.

A esses defeitos, ou qualidades específicas, vêm-se acrescentar os defeitos simplesmente. Não é raro que um grande escritor (a correspondência de Mann com o erudito Karl Kerenyi é testemunha) lance mão de manuais para estruturar o segundo plano de sua obra, mas, com maior frequência, ele tenta ao menos revestir esses dados já prontos com seu estilo próprio. Aqui, ao contrário, informações pesadas sobre os princípios das leis naturais, estudados por Honda enquanto jovem legista, sobre o budismo, sobre a fé na reencarnação durante diversas épocas da história, interrompem o relato em vez de aderir a ele; elas não foram nem repensadas nem revividas.[16]

---

16. Tudo indica que as emoções religiosas inatas em Mishima foram principalmente do tipo xintoísta. Em *Cavalo selvagem*, a descrição do rito divinatório realizado pelos samurais antes de irem se sacrificar em massa é uma das páginas mais belas. Podemos nos lembrar de Honda, por sinal, lamentando a pura simplicidade dos ritos xintoístas no seio da Índia terrível e divina: "Ele desejava

Espanta-nos que Mishima, recentemente ainda estudante de Direito, não tenha recorrido às suas próprias recordações para descrever a formação mental de Honda; surpreende-nos menos que um japonês nascido em 1925 fosse pouco inteirado sobre a teologia budista, assim como um francês da mesma época o pudesse ser sobre o catolicismo. Mas *O Pavilhão Dourado* tinha provado haver em Mishima um conhecimento quase meticuloso das práticas exteriores do budismo e a capacidade de se apropriar de certas dessas técnicas de contemplação. É, portanto, difícil explicar a apresentação inicial e pesada do budismo ao longo dos três primeiros volumes da tetralogia. Tudo se passa como se o autor, açodado para concluir sua obra e sua vida, houvesse despejado desordenadamente as explicações necessárias ao leitor, senão a si mesmo.

Neve de primavera, o primeiro volume da tetralogia, abre com um longo olhar lançado sobre uma fotografia, ainda recente enquanto os dois adolescentes Honda e Kiyoaki se curvam sobre ela, mas que um dia parecerá a

---

nostalgicamente o frescor de um pouco de água japonesa extraída de um poço." A descrição dos amantes da *dolce vita* visitando como turistas um templo xintoísta após uma noite de excessos segue na mesma direção. Por momentos, o próprio Mishima parece aceitar a noção de certos mestres do xintoísmo que reprovava o budismo por ter desvirilizado a alma japonesa. Crítica absurda, posto que o Japão é a única terra onde o budismo, sob sua forma zen, aceitou servir de método para o guerreiro do *Bushido*. Aos poucos, as grandes noções búdicas do desapego, da impermanência e do Vazio tomam nele cada vez mais espaço, porém, ao que parece, até o final, a compaixão búdica ficou ausente. Mishima se queria um homem duro. Lembremo-nos, contudo, que em certos escritores considerados "cruéis" o próprio fato de escrever implica um ato de compaixão, que não tem necessidade de ser manifestado em seguida através de interjeições. Flaubert descreveu com frieza clínica a morte de Emma Bovary; nós sabemos que ele a chorou, e até, identificando-se a ela, a amou.

Honda tão fantasmagórica e profética quanto ela se tornou para nós. Um aterro em torno de um altar a céu aberto, e tropas apinhadas nas extremidades às centenas: nada mais do que um momento da Guerra Russo-Japonesa já terminada na época em que começa esse livro, mas na qual os pais de Kiyoaki morreram, e que inaugurará a ascensão do imperialismo destinado a levar o Japão a Manchukuo, à guerra do Pacífico, a Hiroshima e, finalmente, ao agressivo imperialismo industrial de um novo período de paz, ou seja, aos sucessivos "Japões" onde evoluem e encarnam os personagens desse longo romance. Fotografia de tonalidades avermelhadas, típica daquelas que se tiravam na virada do século, e cujo tom de borrasca e de eclipse parece se harmonizar aos fantasmas. Fantasmas, de todo modo, esses soldados em pé dentro dessa aura avermelhada já o são ou o serão um dia ou outro, mesmo que não tenham caído entrementes no campo de batalha, bem antes que se conclua a vida longa daquele que é nesse momento o adolescente Honda; e o culto da dinastia solar que se celebra sobre esse altar chegará a seu fim antes de alguns entre eles. Mas, em 1912, Kiyoaki e Honda são tão indiferentes a essa imagem de uma guerra vitoriosa quanto o próprio Mishima, em 1945, o será na presença de uma guerra perdida. Eles não participarão dela e tampouco dos urros do *kendo*, nem deixarão penetrar neles as admoestações patrióticas da Escola de Pares. Não que esses estudantes ricos sejam exatamente revoltados, mas porque estão na idade em que, por felicidade talvez, um casulo de sonhos, emoções e ambições pessoais envolve a maior parte dos jovens seres e amortece para eles os choques da atualidade. Ao longo de todo esse livro, Honda, bom camarada, aluno aplicado, parecerá com a sombra parda do romanesco Kiyoaki. Na verdade, ele é o olho que vê. Entre Kiyoaki e Satoko, o amante e a amante aos quais se empenha em servir, ele inaugura em toda inocência seu papel de futuro *voyeur*. Não apenas esses dois jovens sensatos não são muito marcados pelos fatos decisivos de sua época, mas ainda se dizem com melancolia que a história, que só considera os grandes números, os confundirá um dia com a multidão daqueles que não pensaram ou sonharam como eles. Em todo canto, indecifráveis como sempre no único instante em que eles poderiam ser úteis, abundam em torno deles os presságios: tartarugas vorazes escondidas sob a lama do lago do parque dos Matsugaes, um bicho morto perto de um terreno de esporte do colégio, um cão dilacerado preso nas rochas da cascata artificial que a marquesa mostra aos visitantes, e sobre o qual reza uma digna abadessa budista exageradamente eloquente. No seio dessa rede de aparências se situa o diário de sonhos mantido por Kiyoaki Matsugae, do qual alguns se realizarão após a morte do rapaz sem cessar de serem sonhos. Entre Honda, que tem oitenta anos a viver, e Kiyoaki, morto aos vinte anos, a diferença de conhecimento adquirido irá com o tempo se revelar inexistente: a vida de um se esfarelará como se dissipou a vida do outro.

Em torno dessas duas juventudes, uma sociedade já extremamente ocidentalizada, mas à moda inglesa e nas classes altas. A americanização das massas ainda está distante, e Paris se resume para o marquês Matsugae e o conde Ayakura na profusão de champanhe na qual se banham as moças do Folies Bergère. O pai de Honda, homem da justiça, vive numa casa atopetada de obras europeias versando sobre jurisprudência. Os Matsugaes encostaram uma suntuosa mansão de estilo ocidental à sua elegante residência japonesa; os homens e as mulheres se separam à moda vitoriana ao final dos jantares; e na ocasião da festa das cerejeiras, um programa extenuante de recepções inclui gueixas, um filme inglês baseado em Dickens, e uma refeição monumental cujo cardápio, redigido em francês, termina com um creme ao caramelo. Novos nobres, os Matsugaes confiaram Kiyoaki aos Ayakuras, aristocratas empobrecidos, para iniciá-lo nos modos palacianos. Vestido com calças de veludo e uma blusa de colarinho de rendas, a criança carregará numa cerimônia a cauda do vestido de uma princesa, mas sua primeira emoção erótica será tipicamente japonesa, e tal qual a experimentaram os Utamaros e os Eisens das gravuras: uma nuca feminina percebida através do decote da gola do quimono, comovente para eles como a fonte dos seios para os pintores europeus.

Em torno de Satoko, a companheira de brincadeiras e de estudo que se torna pouco a pouco a amante, paira apesar de tudo uma atmosfera do antigo Japão. Não longe do palácio familiar velho e quase rústico, começamos a ver, na parte baixa de uma ruela, o prédio modesto de dois andares, um pouco bordel, um pouco habitação barata para oficiais de uma caserna bem próxima, mantido desde o início por um homem de idade já avançada. É aí, num dia chuvoso, que o conde Ayakura examinará um desses rolos de pinturas antigas, nas quais o gosto pelo erotismo e pelo burlesco, levado às raias do sinistro, de uma parte, e de outra o desdém búdico pela miragem da carnalidade se unem para representar os submundos de um inferno carnal. É aí que, excitado pelas imagens, ele extrairá os prazeres propagados da velha gueixa encarregada de criar sua filhinha, e dará à sua servil parceira estranhos conselhos paternais sobre a educação da criança ainda impúbere, a quem se trata de ensinar, não somente, receita banal, a parecer virgem quando ela não o é mais, assim como, no caso de um sedutor se arriscar a gabar-se de tê-la possuído primeiro, a não parecer virgem quando ela o é. Mais tarde, quando Kiyoaki, após um balé de hesitações, de esquivas e de mentiras, deseja de maneira quase sacrílega essa menina, agora noiva de um príncipe imperial, é nesse local quase mágico que ela se entrega a ele numa confusão de tecidos arrancados e cintas lançadas ao chão. O autor quis criar o equivalente de um *shunga*, "pintura primaveril", outra maneira de se referir a uma gravura erótica da grande época. E seu sucesso foi pleno.

Apenas através de um vago contorno nos é revelada a vida na Escola de Pares. Nenhum condiscípulo, excetuando-se um breve encontro com um aluno enfermo lendo Leopardi, onde identificamos, ainda mais enternecedor, o equivalente do sujeito de pé torto de *O Pavilhão Dourado*. A monotonia da vida social e mundana é tanta que o autor não faz o esforço, tradicional na França, e constante em Proust, de temperá-la, seja com comicidade ou ironia. Sua insipidez total de algum modo a reduz a nada. As férias durante as quais Kiyoaki faz as honras da residência de seus pais aos dois jovens príncipes siameses, seus condiscípulos, contribuem com a mesma insignificância, e o leitor não suspeita a que ponto esse episódio quase nulo irá contar mais tarde dentro da economia do livro. Mas, sob essa superfície de amenidades banais, o jovem amor prossegue sua marcha para o desastre. Kiyoaki convence a moça a vir passar a noite com ele na praia, oferecendo-nos assim, em meio a um deslumbrante luar, a imagem dos amantes nus, deitados sob a estreita sombra de uma carena amarrada sobre a areia, e dando a impressão de que eles se fazem ao largo, com a embarcação que os parece carregar para o mar. Depois desse momento em que a vida em sua exultação e sua plenitude é no entanto sentida como a partida perpétua que ela é, Honda, que conduziu Satoko ao seu encontro, a traz de volta por esse meio de locomoção raro ainda que é o automóvel, e não terá por sua vez senão a presença ao seu lado de uma moça com um vestido de tecido branco, à europeia, retirando discretamente seus sapatos para se livrar da areia.

A neve de primavera penetrando através do toldo de uma viatura arcaica, puxada por dois homens, dentro da qual pouco antes o rapaz e a moça, ainda indecisos, eram levados a passear no subúrbio de Tóquio, não deixava sobre seus rostos e suas mãos senão uma espécie de frescor fofo e úmido. Mas a neve, de benéfica, transforma-se em nefasta. Depois que a família decidiu proceder ao aborto de Satoko, ainda destinada a um príncipe consanguíneo, a moça aproveita alguns dias passados num monastério nas proximidades de Nara, aonde sua mãe a conduziu a fim de acobertar sua estadia numa clínica da vizinhança, para cortar sua abundante cabeleira escura e pedir a tonsura das monjas budistas. Pela primeira vez, seu crânio raspado sente o frio intenso do ar outonal; seus cachos enrolados tão belos rastejam aos seus pés, lembrando inevitavelmente ao leitor as cintas desfeitas jogadas no chão durante o amor, e tomam quase que imediatamente o aspecto repugnante das coisas mortas. Mas a família não se desencoraja por tão pouco. Trata-se somente de saber quando e por quem será feita, no maior segredo, a peruca, ou melhor, as duas perucas, uma japonesa, a outra à europeia, que servirão a Satoko no momento das festas de seu casamento. Enquanto essas fúteis tagarelices prosseguem, todas a portas fechadas, num salão de Tóquio, Satoko transpõe um limiar. Tudo acontece como se a satisfação, de uma vez por todas obtida, a extração sofrida até nas suas vísceras, o adeus forçado dado a Kiyoaki na presença de pais mundanos até o fim houvessem perpetrado uma total ruptura. Não é somente ao seu amado que ela renuncia, é a si mesma. "Já houve despedidas suficientes." Mas Kiyoaki, vigiado de perto pelos seus, perseguido pelo amor desde que este se tornou o amor do impossível, deixa Tóquio graças a um pouco de dinheiro que lhe empresta Honda, chegando a um albergue miserável, e faz e refaz, sob a neve de um frio fim de outono, a exaustiva subida que conduz ao monastério. A cada vez a entrada lhe é recusada, e a cada vez ele se obstina, refutando as ofertas de um cocheiro, com a superstição segura de que quão maior for o esforço exigido aos seus pulmões sacudidos por uma tosse ruim, maior será sua chance de rever essa Satoko, que ele primeiro amou um pouco e, depois, loucamente.

    Finalmente, abatido dentro de um quarto do albergue, ele recorre a Honda, e os pais deste lhe permitem ir ao encontro de seu amigo apesar da proximidade dos exames, não fosse para que aprendesse que um favor feito a um camarada passa na frente das preocupações e das obrigações de uma carreira. Honda, encarregado do papel de suplicante e de intérprete, sobe por sua vez a colina coberta de neve, mas só será recebido para ouvir o *não* definitivo da abadessa, ainda que este *não* parta o último laço que ligava Kiyoaki à vida. Kiyoaki e Honda tomam o expresso para Tóquio, e Honda, dentro de um carro-leito, seu eterno manual de jurisprudência à mão, iluminado pela luz de uma lâmpada fraca, inclina-se, chegando bem perto de seu febril companheiro para ouvi-lo sussurrar que eles se reverão um dia "sob uma cascata". Nada de mais frequente na literatura ou mesmo nas conversas japonesas do que essas alusões à árvore na sombra da qual sentou-se certa vez, à água que se bebeu junto durante outra existência. Aqui, parece que a cascata, essa cascata cuja antiga pintura nipônica nos oferece com frequência uma imagem vertical, os fios d'água tensos como as cordas de um instrumento de música ou de um arco, não é apenas a cascata artificial dos Matsugaes, tampouco aquela, mais sagrada, que Honda irá ver um dia, mas a própria vida.

    O obstáculo, para o leitor médio, mas também, por razões que veremos mais tarde, a virtude comovente dessa tetralogia se baseia na noção de reencarnação subjacente a toda a obra. Nesse ponto, convém deixar claro: eliminemos para começar as superstições populares às quais Mishima cedeu infelizmente um amplo espaço, talvez porque o procedimento lhe parecesse cômodo, talvez porque essas superstições, tendo sido correntes no Japão tradicional, não incomodavam mais por lá do que uma alusão a uma sexta-feira 13 ou a um saleiro derramado incomodaria um leitor europeu. A insistência ao longo dos quatro volumes de *Mar da Fertilidade* sobre os três sinais na pele que marcam no mesmo lugar a epiderme pálida de Kiyoaki, a morena de Isao e a pele dourada da princesa tailandesa irrita mais do que convence.[17] Acabamos por nos perguntar se não existe nisso uma espécie de obscuro estimulante sensual, seja quando o odioso preceptor de Kiyoaki nega ter visto esse sinal, "porque ele não ousava colocar os olhos sobre o corpo do jovem mestre", ou quando Honda, ao contrário, o procura indiscretamente sobre o flanco nu da exótica princesinha. A simplificação dos dogmas incomoda ainda mais do que esses resíduos de folclore. Ela testemunha uma ignorância das religiões no interior das quais nós crescemos que, à nossa época, certamente não é só japonesa. A teoria da reencarnação, sobre a qual Honda começa a se instruir quando foi invadido, como que sufocado por aquilo que lhe parece sua viva evidência, só aparece no segundo volume da tetralogia sob a forma de não

---

17. Os relatos japoneses de Lafcádio Hearn contêm exemplos de casos de reencarnação confirmados por uma marca corporal, o que parece indicar que esse tipo de folclore era corrente no Japão do século XIX.

se sabe ao certo que compêndio escolar citando confusamente Pitágoras, Empédocles e Campanella. Na verdade, nesse ponto como em tantos outros, o budismo é de uma sutileza tal que as próprias doutrinas se tornam difíceis de ser apreendidas, e mais difícil ainda de conservar no espírito sem lhes fazer submeter-se de forma inconsciente a essa transformação rapidamente infligida por nós às ideias distantes demais das nossas.

Mesmo o hinduísmo, ainda que colocando no centro de cada indivíduo a realidade do Ser, insiste na fórmula "Só o Senhor transmigra". E ao mesmo tempo, a individualidade à qual tanto nos agarramos se desfia como um tecido. Com o budismo, que nega ou ignora o ser, e só constata a passagem, a noção de reencarnação se volatiliza ainda mais. Se tudo é passageiro, os elementos transitoriamente subsistentes não são mais do que forças tendo, por assim dizer, atravessado o indivíduo e que, por meio de uma lei em geral semelhante àquela da conservação da energia, subsistem, ao menos até que essa própria energia se *aniquile*. O que permanece é no melhor dos casos um resíduo da experiência, uma predisposição, uma aglomeração mais ou menos durável de moléculas, ou, se assim preferirmos, um campo magnético. Nada dessas vibrações se perde inteiramente: elas entram no *Alaya* do mundo, a reserva dos fatos, ou melhor, das sensações sofridas, assim como o Himalaia é a reserva das brancuras invernais quase eternas. Porém, da mesma forma que Heráclito não se banhava duas vezes no mesmo rio, nós não temos duas vezes nos nossos braços, onde por sinal ele se derrete como um floco de neve, o mesmo átomo humano que existiu. Outra imagem, repisada, é aquela da chama que passa de círio em círio, impessoal, mas nutrida de sua carne individual de cera.

Quaisquer que tenham sido nesse aspecto as crenças de Mishima, ou a ausência destas, nós percebemos que mesmo Kiyoaki não sendo Isao, e nem um nem outro a princesa siamesa, os atravessa uma espécie de pulsão que é a própria vida, ou talvez simplesmente a juventude encarnada de maneira sucessiva sob a mais ardente, a mais dura, ou a mais sedutora das formas. De modo mais profundo, mais subjetivo também, nós nos sentimos diante de um fenômeno comparável àquele do amor, e isso ainda que não se possa propriamente chamar de amor a devoção total de Honda aos dois rapazes, ou que, se algo que se assemelha às emoções do amor assim mesmo brotou, o autor não nos revelou. De outra parte, a obscura necessidade quase senil que lhe faz desejar possuir, ou melhor, *ver* a jovem siamesa se assemelha talvez ainda menos à do amor. Mas nos três casos, o prodígio amoroso por excelência se produziu: em consequência de um mecanismo mental comum a todos nós, os pais de Honda, seus condiscípulos, sua mulher, seus colegas, os acusados sobre os quais, enquanto juiz, ele dispunha de um direito de vida e de morte, os milhares de passantes encontrados nas ruas ou nos bondes de Tóquio e de Osaka não existiram para ele senão percebidos e ressentidos em graus de indiferença mais ou menos completa, de vaga antipatia ou de flácida benevolência, e de uma atenção mais ou menos discreta. Mesmo os objetos medíocres sobre os quais repousaram seus olhares de *voyeur* não serão *pessoas*. Três vezes somente, no seu caso — pois Satoko só fica no interior do círculo porque Kiyoaki a amou —, três seres viverão para ele com essa intensidade que é a mesma de todas as criaturas vivas, mas que nunca notamos senão naqueles que, por uma razão ou outra, nos perturbaram. Uma série se formou de pessoas diferentes umas das outras, mas que, no entanto, reúne, incompreensivelmente, a escolha que fazemos delas.

Cavalo selvagem, o segundo volume da tetralogia, começa com a morna existência de um Honda de cerca de quarenta anos, tão insípida e tão neutra que o adjetivo "morna" parece até exagerado. Bem-sucedida, contudo, do ponto de vista social, já que esse juiz, jovem para o posto, tem seu cargo no tribunal de Osaka, sua dócil esposa, um pouco doentia, mantém à perfeição uma residência bem conveniente, e se contenta simplesmente, de modo quase anormal, com o que ele tem e com o que ele é. Mas uma estranha imagem simbólica se coloca bem no começo dessa apresentação de uma vida comum: desocupado, certo dia, sem quase perceber, ele ouve na prisão anexa ao tribunal o ruído de um alçapão se abrindo sob os pés de um condenado ("Por que colocaram o patíbulo tão perto de nossos escritórios?"). Honda obtém a chave de uma torre recentemente construída, o interior esvaziado, que um arquiteto ambicioso acrescentou, sem dúvida para realçar o prestígio, ao palácio de justiça à moda europeia. Uma escadaria empoeirada e um tanto precária, em espiral, o conduz ao topo, de onde ele terá somente uma vista banal da cidade sob um céu cinza. Mas, desde essas primeiras páginas, um *leitmotiv* aparece, de maneira lancinante, em nosso aparelho auditivo: essa subida sem objetivo nos lembra a subida corajosa e vã de Honda na direção do monastério, seus passos sobre a neve seguindo os rastos de Kiyoaki. Não podemos nos impedir de pensar em Proust observando em Stendhal esse mesmo tema da altura, quer se trate do sino da abadia Blanés, da fortaleza onde Fabrice está preso, ou daquela que servirá de prisão para Julien Sorel. Logo, de fato, uma nova ascensão se seguirá, sentida por esse homem, curioso de tudo, como digna somente de um brando interesse, posto que se trata de uma colina sagrada e que ele não tem fé.

O presidente do tribunal pede a Honda para representá-lo num torneio de *kendo* realizado num templo xintoísta em homenagem ao "Deus Selvagem", e o magistrado quase quadragenário aceita sem entusiasmo comparecer a uma dessas exibições violentas que ele outrora detestava. Nesse dia, a perícia deslumbrante de um jovem lutador de *kendo* em seu traje negro tradicional, coberto por um véu, pés descalços e o rosto protegido por uma grade desperta o interesse do tépido espectador. Esse Isao, pois se trata de Isao, o juiz o reverá, na tarde desse mesmo dia tórrido, nu, sob uma cascata, ocupado em realizar as abluções rituais no trajeto de ascensão de uma colina sagrada; Honda, tomado pela lembrança de Kiyoaki, não hesita em reconhecer, nesse jovem atleta, belo por conta somente do vigor e da simplicidade da juventude, o delicado Kiyoaki morto há vinte anos: tudo se passa como se o ardor de um houvesse se tornado a força do outro.

Essa convicção absurda, nascida de uma emoção subjetiva, o arrebata como uma onda; ele sairá de sua noite de hotel em Nara perturbado em todas as suas fibras de homem razoável e de juiz. Logo seus colegas, não reconhecendo mais o magistrado perspicaz e diligente de outrora, sacudindo a cabeça, suspeitarão, como é de costume, que ele está envolvido para seu maior prejuízo em alguma banal aventura amorosa. Logo também, num gesto de abnegação que lhe parece bem simples, Honda renuncia a seu cargo na magistratura para se inscrever novamente na ordem dos advogados de Tóquio, e se oferecer assim à possibilidade de defender Isao, acusado de haver conspirado contra os membros do conglomerado industrial, o Zaibatsu, e de ter premeditado o assassinato de uma dúzia deles. Honda conseguirá a absolvição do jovem, sem com isso o salvar, pois Isao, assim que for libertado, realizará pelo menos um de seus projetos de assassinato e, imediatamente depois, o suicídio ritual que fazia parte de seu plano.

É nesse livro duro que se encontra talvez a mais estranha e a mais sublime passagem de toda a obra. Empenhando-se para preparar seu golpe, Isao buscou apoio entre os militares, em particular junto a um oficial, habitante de um antigo casebre no fundo da ruela, não longe da caserna. Esse homem, por sua vez, o apresenta a seu chefe, o príncipe imperial outrora noivo de Satoko. Um instante, vagamente percebido através do álcool, dos cigarros e das gentilezas de costume, uma queda da temperatura, um repuxo inexplicável se produziram, sobre os quais o autor pouco insiste. Mas, entrando no jardinzinho do velho casebre ao fundo da ruela em declive, o duro Isao, que emoção alguma jamais consegue comover, sente-se bruscamente fraquejar de prazer, como se alguma coisa da felicidade de antigamente, sentida ali por Kiyoaki possuindo Satoko, o houvesse penetrado através dos tempos. Ele não pensará mais nisso, e nunca saberá o motivo. Mas todos o traem: o oficial que, no momento perigoso, acaba sendo mandado para Manchukuo; o príncipe que teme que seu nome seja divulgado; a moça, brilhante e mundana poetisa, pela qual experimenta um vaga afeição e que ele considera como a mascote do grupo, mas que no processo mente para inocentá-lo, sem se preocupar se suas mentiras podem rebaixar o rapaz à categoria de um veleidoso e desonrá-lo aos olhos de seus afiliados. Isao é também "denunciado" por um velho estudante, assistente de seu pai, uma espécie de boêmio que não passava de um agente provocador, e pelo seu próprio pai, fanático de direita, que dirige um pequeno colégio segundo os melhores princípios de lealdade às tradições dinásticas, mas que na verdade é secretamente subvencionado pelos membros do Zaibatsu, que Isao quer destruir por ser nefasto a um só tempo para o Japão e para o Imperador. Durante o processo, o número e as datas exatas dos conciliábulos do rapaz com o oficial, que em seguida partiu para Manchukuo, tornam-se importantíssimos para a acusação. O velho proprietário do casebre é convocado para ver se ele reconhecerá Isao, sentado no banco dos réus. O velhote alquebrado, apoiado a uma bengala, aproxima-se do rapaz, examina-o, e responde com sua voz cansada: "Sim, ele veio à minha casa com uma mulher vinte anos atrás." Vinte anos é a idade de Isao. O caquético ancião deixa o tribunal debaixo de risadas. Apenas a mão de Honda, sentado no banco dos advogados, estremeceu sobre os papéis espalhados à sua frente. Aquele velho homem, tão perto da morte, sentiu como se fosse único o calor de duas juventudes ardentes.

Já se pode ver como, qualquer que possa ter sido seu valor psicológico ou metafísico, essa noção da transmigração permite a Mishima apresentar o Japão entre 1912 e 1970 sob um novo ângulo. Todos os grandes romances que cobrem quatro gerações sucessivas (*Os Buddenbrooks* de Thomas Mann é sem dúvida o mais completo) tomam por base a família, e por modelos uma variedade de seres brilhantes ou medíocres, mas todos unidos pelo sangue ou por alianças, funcionando no interior de um mesmo grupo genético. Aqui, esses ressurgimentos sucessivos autorizam a brusca passagem de um plano a outro, aquilo que antes era tangencial se encontra mais tarde situado ao centro. Isao é filho do ignóbil Iinuma, preceptor da residência dos Matsugaes, e de uma criada da mesma casa. Em *O Templo da Aurora*, o terceiro volume da tetralogia e de longe o mais difícil de avaliar, a aparição de Ying Chan, a princesinha siamesa, fora há muito preparada pela história bastante terna dos dois príncipes siameses, amigos de Kiyoaki, e pelo incidente do anel engastado de esmeralda, perdido, ou talvez roubado de um dos dois. Em seu diário de sonhos, Kiyoaki anotara um em que ele trazia no dedo essa pedra, e nela contemplava um rosto de moça com uma tiara na testa. A esmeralda reencontrada após a guerra na loja de um antiquário empobrecido será dada por Honda a Ying Chan, que se tornou estudante em Tóquio, depois será calcinada no incêndio da luxuosa *villa* do velho advogado, agora rico conselheiro de um dos poderosos cartéis do Zaibatsu contra o qual lutara Isao. Após essa conflagração burguesa, mas que lembra bastante as fogueiras que Honda foi contemplar em Benares à véspera da guerra do Pacífico, não se tratará mais nem um pouco da própria Chan. É por acaso que ficamos sabendo da sua morte, numa data imprecisa, em sua terra natal. Mas Chan, filha de um dos dois príncipes recebidos outrora por Kiyoaki, parte ao encontro também de modo quase mítico da noiva de um dos dois jovens e irmã de outro, morta igualmente bem jovem.

De outra parte, na prisão, o duro e virgem Isao sonha com uma jovem desconhecida, cochilando num dia de calor ardente, que lembra um pouco, não fosse pela comoção que ela lhe provoca, Makiko, a moça que se prepara para traí-lo. Depois, através de uma dessas repentinas mudanças de clave habituais no sonho, ele próprio se sentiu mulher. Parecera-lhe que sua visão do mundo se encolhia, deixava de formar grandes planos abstratos para entrar em contato mais flacidamente, mais intimamente, com as coisas, e que em vez de penetrar essa jovem desconhecida, ele se tornava ela, seu prazer nascendo dessa metamorfose. Honda tampouco ignora que, pouco antes de seu fim, Isao, que pela primeira vez se embriagou por desgosto com o lamaçal de corrupção e falsos testemunhos no qual se sente envolvido, murmurou em seu sonho ébrio não se sabe o que a respeito de um cálido país do sul e de uma nova aurora.

Durante uma viagem de negócios que o leva a Bangcoc, em 1939, Honda não se surpreenderá então que uma pequena princesa de seis anos se agarre a ele e lhe peça para ser levada pelo estrangeiro. Cena inacreditável para qualquer leitor europeu, ou simplesmente "moderna", e, pode-se dizer, desastradamente realçada. No entanto, não nos esqueçamos de que alguns especialistas sérios em pesquisas parapsicológicas[18], tal como Ian Stevenson[19], afirmam que é nas divagações das crianças bem jovens que se encontram mais facilmente as pistas conduzindo à fase pré-nascimento, supondo-se, contudo, que existam tais pistas, e que possamos segui-las. Chan, em todo caso, se resigna ao modelo do parapsicólogo; ela esquece completamente esse capricho infantil ou dele só se recorda através de vagas alusões que fazem as governantas. Vinda ao Japão do pós-guerra na qualidade de estudante, ela parece não apreciá-lo, mas em nenhum caso os sentimentos fortes parecem seu ofício.

A requintada Chan, em quem Honda, num momento de lucidez, descobre, porém, um pouquinho de "lastimoso

---

18. Neste ponto, o adjetivo "sérios" cria sempre um problema. Mas preservemo-nos de opor ao conjunto de fenômenos parapsicológicos um *não* de covardia ou inércia, tão convencional quanto o *sim* do crente em relação aos dogmas que ele não pode provar nem explicar. Só uma observação atenta pode afastar aqui o "mistério", que se confunde com nossa ignorância.
19. Ian Stevenson, *Twenty Cases Suggestive of Reincarnation*, Nova York, Society for Psychical Research, 1966.

preciosismo chinês", leva em Tóquio sem grande entusiasmo a vida dispersa dos belos dias da ocupação americana e do dinheiro fácil. A moça rejeita as investidas desastradas do velho Honda e evita por pouco o estupro ao qual um rapaz do grupo se esforçou para submetê-la com a aprovação e à vista do velho. Mais tarde, por uma abertura sabiamente realizada no revestimento de madeira da biblioteca, ele contemplará os jogos de Chan, "beldade frágil", com aquela "beldade forte" que é uma japonesa experimentada e madura. Os símbolos voltam a nos perseguir, não mais decifráveis do que aparecem nos nossos sonhos: a boate noturna onde Keiko, grande sedutora, Honda, Chan e seu jovem e desenvolto agressor jantam juntos, dentro da obscuridade quase ritual desse tipo de lugar, e onde Honda, cortando seu filé no ponto para levá-lo até seus falsos dentes, vê escorrer no prato um sangue que tomou a cor da noite. Ou ainda, em *Cavalo selvagem*, mais incompreensível, e conduzindo o espírito não se sabe bem para onde, o barril de ostras vindo de Hiroshima que Isao resolve levar para Makiko como presente de despedida, e onde marulham e se entrechocam dentro do recipiente cheio de água negra os moluscos prisioneiros.

É a partir de *O Templo da Aurora* que Honda, observador e visionário, cai definitivamente ao nível de simples *voyeur*. Árdua evolução, mas não tão estranha, já que esses miseráveis contatos do olhar com a carne nua se tornam sem dúvida para o ancião a única relação com o mundo dos sentidos, do qual se manteve distante durante toda a vida, e com a realidade que lhe escapa cada vez mais em seu círculo de homem eminente e milionário. Já anteriormente, um menino *voyeur* começando a executar um crime havia aparecido em *O marinheiro que perdeu as graças do mar*, e não nos esqueçamos, em *O Templo do Pavilhão Dourado*, um patético tratamento do mesmo tema: o futuro seminarista incendiário, deitado no único cômodo das casas japonesas, sentindo se agitar o mosquiteiro, percebe que sua mãe, estendida bem perto, se entrega a um vago parente que veio pernoitar. Mas o menino, que observa sem compreender, sente bruscamente um "muro de carne" se interpor entre esse espetáculo e seus olhos: as mãos de seu pai que, ele também, viu e não quer que o menino veja. Aqui, ao contrário, o tema do *voyeur* é associado à impotência e à idade. Honda, em Bangcoc, sonha em ver urinar a menininha; mais tarde, sobre o terreno infestado de serpentes de sua residência novíssima, ele constrói uma piscina com a única esperança de nela ver mergulhar uma Chan, o mais desvestida possível, e a inauguração nos oferece uma dessas cenas de inanidade mundana nas quais Mishima se distingue a ponto de parecer delas tomar parte.

Um príncipe, vizinho do campo, brinca na água com sua bola; uma amarga e riquíssima avó, ela também vizinha, vigia do parapeito do poço sua penca de netos; um literato com propósitos de um sadismo surreal mostra flácida anatomia ao lado da de uma amante desagradável, literata ela também, que repete chorando, à guisa de estimulante erótico, o nome de seu filho morto na guerra. O voyeurismo sem dúvida pega como uma gripe, pois Makiko, que, em

Cavalo selvagem, perjurava e mentia, talvez por amor, observa com olhar frio os frouxos embates desse casal. Os fantasmas de canibalismo servidos após o jantar pelo literato parasita fazem eco de modo desprezível aos delírios sangrentos do jovem, nas já longínquas *Confissões de uma máscara*. Quando esse casal demasiadamente drogado para fugir perece no incêndio da residência, tem-se a impressão de que Mishima empilha carvão ardente sobre aquilo que ele poderia se tornar. Keiko, por sua vez, robusta parceira de Chan, tem por amante um simples e sólido oficial americano, que ajuda a servir os coquetéis e lavar os copos, e ela aproveita essa ligação para fazer suas compras numa loja reservada à força ocupante e conectar sua eletricidade na corrente do campo militar. O último ruído que será ouvido da parte de Chan, regressando a seu país e morrendo de uma picada de serpente, será seu insano risinho, como se essa Eva vã houvesse brincado afetuosamente com o réptil.

Em *O Templo da Aurora*, a vida fácil parece desagregar os personagens e mesmo as intenções do autor: ao lado dessa Tóquio de prazeres e negócios, a Tóquio devastada de 1945, onde Honda encontrou em meio às ruínas a gueixa quase centenária, continha ainda restos de esperança. No derradeiro volume, *A queda do anjo*[20], a esperança e com ela as encarnações sucessivas do requinte, do entusiasmo ou da beleza estão mortas. Temos até a impressão de ver os ossos secos e brancos trespassando pela podridão. O título original, *Tennin Gosui*, evoca uma lenda do budismo segundo a qual os Tennins, que nada mais são senão as essências divinas personificadas, Gênios ou Anjos, em vez de ser imortais, ou antes, eternos, são limitados a mil anos de existência sob essa forma, depois do que eles veem murchar as flores de suas guirlandas, desbotar suas joias, e sentem um suor fétido escorrer de seus corpos. Esse Anjo, qualquer que seja o aspecto humano que ele assuma aqui, bem se parece com o próprio Japão e, por extensão, para nós leitores, o símbolo

---

20. Ver nota 2.

da catástrofe contemporânea onde quer que ela se produza. Mas guardemos esses comentários. Honda, bem envelhecido, faz o que faz em nossos dias um japonês que tem recursos: viaja. O tempo em que ele se sentia um turista de segunda categoria na Índia inglesa, recente ainda, não existe mais. Keiko, imponente septuagenária que aqui e acolá seduz ainda parceiros de prazer, o acompanha, e se diverte vendo o velho ficar preso ao passado pelo objeto que menos se esperaria: a placa funerária de sua mulher cuidadosamente colocada em sua mala, ainda que sua mulher em si tenha significado pouco para ele. Mas Honda não possui mais seus antigos dons visionários.

Os dois velhos companheiros jantam juntos nas embaixadas (é assim que acabam por saber da morte de Chan), e saboreiam, juntos, seu álcool noturno. Keiko arrasta seu velho amigo em excursões aos grandes sítios do antigo Japão, pelos quais, por uma espécie de esnobismo às avessas, essa japonesa americanizada declara agora se interessar. Assim eles vão até o litoral, no lugar onde se situa a história do *nô Hagoromo,* ilustre entre nós, e onde o Anjo do antigo poema executou para os pescadores fascinados sua dança de anjo antes de subir ao céu. Mas tudo apodrece: detritos encobrem a areia; o venerável velho pinheiro que viu a dança do Anjo, quase todo seco, apresenta menos casca do que cimento escorrido nas cicatrizes dos galhos partidos. A rua que conduz a esse local célebre é uma espécie de alameda de parque de diversões, com barracas populares, negociantes de suvenires, fotógrafos que fazem posar seus clientes em cenários fictícios ou burlescos. O correto cavalheiro e a dama vestida de modo excessivamente pitoresco, à americana, calças de um bom fabricante e na cabeça um chapéu de caubói em feltro, são seguidos pela criançada admirada, que crê reconhecer neles antigas estrelas do cinema.[21]

No dia seguinte, eles se encontram numa região costeira dedicada à produção em massa de morangos sob redomas de plástico. Lá, Honda executa a penúltima de suas subidas simbólicas, esta proporcional às suas pernas de homem idoso. À beira de uma margem poluída pelos dejetos das marés quase sinistras, uma torre de observação foi construída, de onde se informam por telefone às autoridades portuárias a chegada, o nome, a tonelagem aproximada e a nacionalidade dos navios avistados ainda em alto mar. O funcionário extremamente jovem que mira seu telescópio nos cargueiros que se aproximam da costa, e transmite sua sinalização, não passa de um adolescente recém-saído do colégio, órfão de pai e mãe, trabalhador esforçado, com olhos inteligentes e frios, mas que, sobre cujo rosto, Honda vê passar, quase imperceptível, mais uma reminiscência do que uma presença, o indecifrável sorriso de Chan. Dessa vez, todavia, o faro do velho o trai. Honda *quer*, inconscientemente, que o milagre se reproduza e que, além disso, vagos motivos de interesse se confundam com aqueles puramente afetivos, da antiga procura e, por

---

21. Desta vez, facilmente acusariam Mishima por ver seu cenário em cor sombria. Percebido, é verdade, fora da temporada, ele me pareceu ao menos conservar algo da beleza quase inalterável da praia, dos velhos pinheiros e do Fuji no horizonte.

assim dizer, embaracem os fios. Como ele é imensamente rico, seus homens de negócio lhe aconselham sem cessar a não adiar por mais tempo a escolha de um herdeiro. Por que não esse rapaz disciplinado, trabalhador e sem o estorvo de uma família?

À hora do uísque, ele comunica sua decisão a Keiko, que fica espantada, e para lhe provar que não se trata, como ela se sente tentada a crer, de um repentino desejo de velho rapidamente seduzido por um jovem rapaz, ainda menos de uma extravagância pura e simples, lentamente, desastradamente ele desenrola diante dela esse tecido de sonhos e de fatos associados aos sonhos que constituiu de certa forma o avesso secreto de sua vida. Keiko pode ser a mais materialista e a menos imaginativa das mulheres, mas algo nesse relato supera sua incredulidade, ou pelo menos lhe mostra pela primeira vez a existência no passado de seu velho amigo (e talvez mesmo de toda a vida humana) com outros planos e sob outra luz. Pela primeira vez também a informe realidade parece ganhar um sentido, por mais absurdo ou mais delirante que seja. As investigações de detetives particulares atestam a perfeita honestidade, os bons costumes e as boas notas escolares do rapaz, que se divide entre o trabalho e a leitura; chega a nos enternecer o tempo que ele consagra, por bondade sem dúvida, a uma moça de sua idade, quase totalmente desprovida da razão, e cuja feiura se torna o alvo das piadas da aldeia. Toru — é dele que se trata — é adotado, matriculado na Universidade de Tóquio e toma o nome de família de seu pai adotivo. Imprudente pela primeira vez,

Honda negligencia mesmo o fato de a data de nascimento do rapaz, confirmada somente pelos vizinhos, ser incerta, e incerta também a data do falecimento de Chan. O adolescente, sobre cujo corpo, através das grandes chanfraduras da camisa Honda acreditou ter notado os três sinais fatídicos, será definitivamente a derradeira escolha da sua vida.

Toru é um monstro, tornado ainda mais monstruoso pela sua inumana inteligência, e esse robô criado por uma sociedade mecanizada saberá aproveitar sua chance. Sem vontade verdadeira de se instruir, ele prossegue seus estudos; chega a aceitar as lições de boas maneiras que lhe dá Honda, ensinando-lhe a bem se comportar à mesa consoante à moda europeia.[22] Mas o velho homem só lhe inspira aversão, desprezo e ódio. Honda, por sua vez, penetra com uma fria lucidez nos motivos de Toru, mas falta-lhe agora a energia para desfazer o que fez. Durante um passeio a Yokohama, Toru sente-se tentado a empurrar o velho, que está precariamente equilibrado no bordo extremo do cais; somente a prudência o impede. Ele abusa brutalmente das criadas da casa; ele corta um belo arbusto que fazia a alegria de Honda; ele divulga as confidências políticas de seu preceptor, um comunista a quem Honda não teria confiado seu filho adotivo, se conhecesse suas opiniões. Como Kiyoaki outrora escrevia a Satoko, antes de seu amor, para exaltar a si mesmo, o relato

---

22. É curioso observar que nos seus últimos tempos de vida, Mishima levava sua mulher e seu jovem companheiro Morita, que fizera com ele um pacto de morte, cumprido alguns meses depois, para jantar num restaurante, em Tóquio, a fim de ensinar a este os bons modos europeus de se comportar à mesa. Reencontramos aqui Honda, rigoroso neste ponto, com Toru.

das aventuras eróticas que ele não teve, Toru dita à tola infeliz, que um acordo criado por Honda lhe dá como noiva, uma carta que ela copia sem ver que o conteúdo a desonra, e com ela a enfadonha família de magistrados da qual saiu. Mas aos fingimentos não sem encanto de antigamente sucedeu a malignidade pura. Quando o sofrimento e a solidão despertam em Honda vagas necessidades sensuais, e o velho *voyeur* acaba sendo detido durante uma blitz num parque público, Toru orquestra o escândalo e aproveita para exigir que ele seja colocado sob tutela por conta de sua senilidade.

Um pensamento, às vezes, ocorre a Honda: os três membros da notável linhagem morreram bem jovens; se Toru é um elo da corrente, sem dúvida o mesmo lhe acontecerá. Essa curiosa noção, extraída talvez de uma superstição popular japonesa, ajuda Honda a ter paciência, mas nada indica em Toru a mínima veleidade de morrer aos vinte anos. Seguramente, Honda se enganou. "Os movimentos dos corpos celestes se sucediam longe dele. Um ligeiro erro de cálculo havia colocado Ying Chan e Honda em universos separados. Três reencarnações haviam ocupado Honda por toda sua vida (isso também tinha sido uma sorte extraordinária), e após ter lançado um raio de luz sobre sua estrada, elas partiram num outro relampejar de luz para algum canto desconhecido do céu. Talvez, um dia, em algum lugar, Honda reencontraria a centésima, décima milésima ou a centésima milionésima encarnação." Vê-se que Honda saiu do tempo; as gerações e os séculos não contam mais. Ele já está bem próximo da alforria final.

A alforria imediata de Honda será o fruto de uma decisão de Keiko. Como Kazu, em *Depois do banquete,* sustenta com seu dinheiro e sua energia o homem político com quem se casou, Noguchi; como Satoko, em *Neve de primavera,* toma a decisão extrema de se retirar do mundo, Kiyoaki teve de morrer; como Madame de Sade, na peça homônima, com sua recusa em rever seu marido faz caírem as cortinas sobre o insuportável drama, esta mundana amoral, mas sábia, é uma *dea ex-machina*. É preciso notar em Mishima esse gosto pelas mulheres dotadas ao mesmo tempo de sagacidade e de força. Sob o pretexto de um grande jantar de Natal ao qual ela teria convidado a elite de Tóquio, Keiko recebe pessoalmente Toru, que mandou fazer um smoking de encomenda para a circunstância. O jantar de Natal à americana é servido para dois na suntuosa sala de Keiko, repleta de tapeçarias de Aubusson; a velha mulher num esplêndido quimono e o jovem em trajes europeus apertados compartilham esses alimentos estrangeiros comprados congelados ou em latas de conservas, símbolos culinários de uma festa litúrgica que não é nada disso para eles. Após o jantar, Keiko conta a Toru aquilo que ele ignorava sobre a vida de Honda, e em particular a razão da escolha ter recaído sobre ele.

Parece que essa extraordinária fantasmagoria teria deixado Toru indiferente: ao contrário, ela o perturbou. Tudo aquilo sobre o que se achava seguro — sua adoção devida às suas qualidades reais e factícias, seu poder de manipular as circunstâncias — desaba sobre ele como um castelo de cartas. Ele exige provas: Keiko o aconselha a tomar emprestado de Honda o diário dos sonhos de Kiyoaki, onde tantos incidentes e acontecimentos estão registrados, primeiramente os futuros, depois os presentes, em seguida os passados, e sem cessar, entretanto, de se assemelhar aos sonhos. Toru queima esse diário, "porque, ele próprio, nunca sonhou", e faz no mesmo instante uma tentativa de suicídio.

Para um homem que, no momento em que escrevia isso, preparava minuciosamente, com dois ou três meses de antecedência, seu próprio *seppuku*, o suicídio fracassado de Toru foi sem dúvida a pior desgraça que podia infligir a seu personagem. Já antes, ao nos mostrar Iinuma, que após ter abusado do uísque de Honda exibia a este, sob os pelos brancos de seu peito, a cicatriz de uma facada que ele teria se dado depois da morte de seu filho, sem entretanto deixar de justificar seu ato de delação, Mishima testemunhava sua aversão aos suicidas levianos. O leitor, contudo, se pergunta se, ao contrário, essa tentativa de suicídio, provocada em Toru pelo lamento de não ter sido o arrivista que teve êxito graças aos próprios meios que imaginava ser, não é o único título do triste rapaz a pertencer à descendência ideal da qual Honda acreditara ser ele o derradeiro representante. Mishima lhe recusa essa prerrogativa, como ele recusa para alcançar seus fins o emprego viril de uma lâmina de faca. A água-forte que Toru tentou absorver não o mata; mas as exalações o cegam, simbolismo que salta aos olhos. Agora, Honda volta a ser o mestre de sua residência e de sua vida. Toru, ao contrário, eliminado da corrida ao prazer, ao dinheiro, ao sucesso, e privado pela cegueira da capacidade de fazer mal, permanece em seu lugar, confinado no abrigo do qual não quer mais sair. Ele tem por única companhia a demente de feições horrorosas, mas idiotamente certa de que é bela, que seu gosto por reinar sobre um ser humano lhe fez proteger outrora. Além disso, essa fêmea monstruosa se tornou obesa, e uma gravidez a incha ainda mais. O Anjo apodrecido se negligencia, recusa-se a mudar de roupa, deitado o dia todo, perto da louca, durante o quente verão, no quarto empestado de suor e de flores murchas. Honda, homem da razão e da inteligência, tendo vindo lançar sobre o casal o que será seu último olhar, imagina com um amargo prazer que um dia seus bens serão entregues a imbecis.

Pois Honda, octogenário, está doente: exames detectaram um câncer. Mas resta-lhe um último desejo: o de rever Satoko, com quem, sessenta anos antes, depois da noite passada pela moça na praia com Kiyoaki, ele partilhou da intimidade no retorno em automóvel, enquanto Satoko lhe falava de seus amores, deixando discretamente de seu sapato escorrer a areia. Satoko é agora abadessa do monastério onde ela no passado fez seus votos religiosos; Honda decide empenhar suas últimas forças para ir até lá. Dirigindo-se a um hotel de Kyoto, ele constata, durante o trajeto em automóvel até Nara, a abundância de construções baratas, as torres de televisão mortificando a antiga e pura paisagem, os postos de gasolina e os cemitérios de automóveis abandonados, os vendedores de sorvete e coca-cola, os pontos de ônibus ao lado de pequenas fábricas devoradas pelo sol. E depois, em Nara, esse local preservado, ele reencontra por um instante a antiga suavidade nipônica. Ao pé da colina, ele deixa o carro, ainda que a estrada agora suba quase até o cume. Essa será sua derradeira ascensão. Seguido pelo olhar desaprovador do chofer, o velho se lança por atalhos agrestes margeados de criptomérias, o solo estriado pelas faixas brancas do sol e faixas de sombra, lançadas pelos troncos das árvores. Em cada banco, ele se deixa cair, esgotado. Mas algo lhe diz que convém refazer nessa tarde cálida não apenas a ascensão que fizera outrora por Kiyoaki sob a neve, mas também a subida várias vezes recomeçada pelo próprio Kiyoaki no extremo de suas forças. Recebido no monastério com uma refinada cortesia, ele logo se acha diante de uma Satoko octogenária, mas que permaneceu espantosamente jovem, apesar das rugas límpidas como se estivessem lavadas. "Era seu rosto de antigamente, mas saído do sol para a sombra. Os sessenta anos vividos no intervalo por Honda não tinham sido para ela senão o tempo que é preciso para passar do sol à sombra."

Ele se aventura a falar de Kiyoaki, mas a abadessa parece não conhecer esse nome. Estará surda?[23] Não, ela repete que Kiyoaki Matsugae lhe é desconhecido. Honda censura essa negação como uma hipocrisia.

---

23. Um amigo europeu de Mishima me garante que o escritor, pouco tempo antes de sua morte, o levou até perto de Nara para visitar uma abadessa de um convento, e que esta era de fato surda. Há evidentemente um engano. A abadessa, ainda viva e reinante hoje, tinha uns cinquenta anos somente na época em que Mishima lhe fez várias visitas para se instruir sobre a vida do monastério onde ele situou a renúncia de Satoko e a iluminação final de Honda. Muito vivaz, livre ainda de toda enfermidade, ela nada fez desde então, como Satoko, senão "passar do sol à sombra". Se eu corrijo esta anotação, em vez de suprimi-la, é para dar uma prova a mais da proliferação das lendas.

— Não, senhor Honda. Nada esqueci das graças que recebi no "outro mundo". Mas receio jamais ter conhecido o nome de Kiyoaki Matsugae. Tem certeza de que tal pessoa existiu?

— ... Mas então, como nós nos conhecemos? E os Ayakuras e os Matsugaes certamente deixaram documentos, arquivos.

— Sim, tais documentos poderiam resolver todos os problemas no "outro mundo". Mas o senhor está realmente seguro de ter conhecido alguém que se chamava Kiyoaki? E o senhor pode assegurar que nós já nos encontramos?

— Vim aqui, sessenta anos atrás.

— A memória é um espelho de fantasmas. Ela mostra às vezes objetos distantes demais para serem vistos, e às vezes os faz surgirem bem perto.

— ... Mas, se não existiu Kiyoaki, então, não existiu Isao. Nem Ying Chan. E, quem sabe? Talvez eu mesmo não tenha existido.

— Cada um de nós deve decidir sobre isso segundo seu coração — diz a abadessa.

E antes de se despedir dele, ela conduz o velho ao pátio interior do monastério, escaldante ao sol, e cujos muros delimitam somente um maravilhoso céu vazio. Assim termina *Mar da Fertilidade*.

O que nos interessa é saber através de que caminhos o Mishima brilhante, adulado, ou, o que dá no mesmo, detestado por suas provocações e seus sucessos se tornou pouco a pouco o homem determinado a morrer. De fato, essa pesquisa é em parte vã: o gosto da morte é frequente entre os seres dotados de avidez pela vida; encontramos esses indícios nele desde suas primeiras obras. O importante, sobretudo, é distinguir o momento em que ele considerou determinado tipo de morte, e dela fez, quase perfeitamente, como dizíamos no início deste ensaio, sua obra-prima.

Mencionamos antes a decepção de 1959, quando pela primeira vez um romance seu, ao qual ele atribuía grande valor, *A casa de Kyoko*, conheceu o fracasso, mas para um escritor assim tão cheio de obras e projetos, que o vento o carregue. Mais tarde, tarde demais para a questão de que tratamos, exatamente um ano antes de sua morte, será mencionado seu desapontamento ao ver o Prêmio Nobel, que ele esperava ganhar, ser concedido ao seu amigo e mestre, o velho e grande escritor Kawabata, inteiramente dedicado, este, a descrever com um impressionismo requintado os aspectos do Japão conservando um rasto do passado. Para um homem quase ingenuamente sedento de homenagens vindas do exterior, compreende-se essa reação, ainda mais que a decisão de morrer dentro em pouco eliminava para ele qualquer chance da mesma ordem, mas esse lamento certamente só ocupou a parte mais superficial do ser; o que se sabe é que ele se apressou em levar suas felicitações ao velho mestre, que considerava *Mar da Fertilidade*, à época bem próximo de sua conclusão, como uma obra-prima.

Sua vida havia conhecido outros reveses: uma determinada estadia em Nova York, outra em Paris, com seus problemas de dinheiro e de carreira, e suas noites de solidão quase mortal, são como um nadir, agravado pelo fato de ser no exterior quase um desconhecido, ao passo que no Japão se exibia como estrela, e que os convidados por ele calorosamente acolhidos em Tóquio mantinham-se em seu país afastados.[24] Uma certa confissão de uma angústia total diante das complicações da existência, num país em que mal se conhecem os costumes e a língua, dessas que poderia levar qualquer viajante a escrever após um dia extenuante para os nervos; ela revela, no entanto, neste

---

24. Talvez seja melhor omitir a acusação de esnobismo cada vez que um estrangeiro se dá o prazer de encontrar um grande nome que ele conhece pelos livros e que o exalta ou o interessa tanto quanto o faria um lugar célebre. "Que esnobismo! Seu prazer em jantar com os Rothschilds..." Tal frase nos levaria a crer que uma reunião à mesa dos Rothschilds foi organizada para receber Mishima. Neste caso, se tratava de Philippe e de sua mulher Pauline, ele, tradutor refinado dos poetas elizabetanos, ela, de origem americana, acolhida pelo escritor em Tóquio, a quem ele gostaria de encontrar na França.

homem que se acreditava forte, as chagas de uma sensibilidade intensa. Não sabemos tampouco quais complexidades, para o bem e para o mal, trazem seu casamento. Dizem-nos que, na véspera, Mishima queimou seu diário íntimo: cuidado banal que não altera muita coisa nos fatos cotidianos: com ou sem diário, a vida continua. O pouco que sabemos demonstra, em todo caso, que Mishima criou para sua mulher, do ponto de vista social e mundano, um espaço maior do que era ocupado pelas esposas da maioria dos intelectuais japoneses dos anos 1960; percebemos também que, pelo seu próprio modo de vida, ele soube como preservar sua liberdade de escritor e de homem. Mas uma luta surda pela preponderância parece ter-se desenrolado até o fim, entre a esposa e a mãe. Um processo de difamação feito por um homem político que se reconheceu em *Depois do banquete*, ataques e ameaças de morte por parte da extrema direita (o que é divertido, tratando-se desse escritor considerado, equivocadamente ou não, como "fascista"), o pequeno escândalo causado por uma coletânea de fotografias quase eróticas, a maior parte de extrema beleza, e o fato de o escritor, preocupado em "fazer cinema", ter desempenhado como amador um papel de gângster num filme ruim à moda americana; uma tentativa mais pessoal de chantagem que o deixou, ao que parece, mais aborrecido do que abatido, e tudo isso não mereceria ser mencionado se outros já não o tivessem feito.

No entanto, o nível do desgosto e do vazio aumentava, um vazio que não era ainda o Vazio perfeito do jardim da abadessa, mas o vazio de toda vida, fracassada ou bem-sucedida, ou os dois ao mesmo tempo. As forças do escritor não haviam diminuído: esses anos fervilham de obras, da melhor à pior. Toda proeza de resistência ou de disciplina o atrai agora, menos, apesar do que foi dito, por sensacionalismo do que como etapa para um saber visceral e muscular. "O exercício dos músculos elucidava os mitos que as palavras haviam criado", diz ele em *Sol e aço*, ensaio quase delirante, composto em 1967. (Ele precisa, mais adiante: "uma cega e doentia fé nas palavras", o que é, com efeito, um perigo para todos os literatos.) O treinamento físico, "análogo à conquista do conhecimento erótico", torna-se via de acesso para um conhecimento espiritual percebido em relances, mas que uma determinada inaptidão de pensar em termos abstratos o obriga a só traduzir em símbolos. "Até os músculos tinham cessado de existir. Eu estava envolvido por uma sensação de poder como se fosse uma luz transparente." A experimentação que resultava nisso havia sido empreendida por razões de extrema simplicidade, que Mishima, por uma vez, assim exprime: "As disciplinas físicas que se tornaram tão necessárias à minha sobrevivência eram, num certo sentido, comparáveis à paixão à qual uma pessoa que até então viveu exclusivamente a vida do corpo se entrega de modo frenético a fim de se instruir ao aproximar-se do fim da sua juventude." Aos poucos, ele constata que o corpo, ao longo do treinamento atlético, "poderia ser intelectualizado a um mais alto grau e alcançar uma intimidade, com as ideias, mais estreita que aquela do espírito". É impossível não pensar na súplica da sabedoria alquímica que fazia igualmente ingressar a fisiologia no coração do conhecimento: *ού μαθειν, άλλα ναθεῖν* [25]: não se instruir, mas submeter-se. Ou, numa formulação latina análoga: *Non cogitat qui non experitur.*[26] Mas, mesmo ao centro de experiências que a tecnologia moderna sozinha tornou possíveis, os mitos ressurgem das mais antigas profundezas humanas, e as palavras voltam a ser necessárias para exprimi-los. O paraquedista, no interior de um F-104 do qual ele descreve liricamente os volteios, diz a si mesmo que irá enfim conhecer as sensações de um espermatozoide no momento da ejaculação, confirmando assim a quantidade de grafites desenhados sobre tantos muros e formas da linguagem popular, para a qual toda máquina possante é fálica. Outra imagem, extraída da experiência do paraquedista se lançando do alto de uma torre, se assemelha aos contos mágicos do romantismo: "Vi à minha volta, naquele belo dia de verão, as sombras das gentes energicamente desenhadas e atadas a seus pés. Ao saltar do alto da torre de metal, me dei conta de que a sombra que ia projetar num instante sobre a terra seria uma mancha isolada, desunida de meu corpo. Naquele momento, eu estava livre da minha sombra..." A sensação é daquelas que poderia sentir um pássaro, se ele soubesse que a mancha que segue seu voo é sua sombra. A câmara de descompressão dos astronautas

---

25. *Ou mathein, alla pathein.*
26. É difícil, para a autora de *Memórias de Adriano* (livro que Mishima, numa das últimas entrevistas dadas por ele a um jornalista francês, dizia apreciar), não pensar em certas reflexões emprestadas ao Imperador e relacionadas a seu próprio método: "Tudo, resumindo, sendo uma decisão do espírito, mas lenta, mas insensível, *e que provoca também a adesão do corpo...*"

revela o conflito entre o espírito que *sabe* a que o homem se expõe, e o corpo que não sabe, mas finalmente a angústia se apodera do próprio espírito. "Meu espírito conheceu o pânico e a apreensão. Mas ele nunca conheceu a falta de um elemento essencial que seu corpo supria normalmente sem que ele tivesse que o pedir... [Numa altura simulada de] 41.000 pés, 42.000 pés, 43.000 pés, eu sentia a morte colada aos meus lábios. Uma morte mole, morna, semelhante a um polvo... Meu espírito não havia esquecido que essa experimentação não me mataria, mas esse esporte inorgânico me dava uma ideia da espécie de morte que, por todos os lados, envolve a terra." *Sol e aço* termina, todas as contradições resolvidas, com a imagem talvez mais antiga do mundo, a de um réptil aninhado em volta do planeta, que é ao mesmo tempo, poder-se-ia dizer, o dragão-nuvem da pintura chinesa e a serpente mordendo o rabo dos antigos tratados ocultistas.

Em *Cavalo selvagem*, Isao evoca durante seu julgamento o filósofo Wang Yang-ming, de quem Mishima havia em relação a este ponto feito sua a doutrina: "Todo pensamento só tem valor quando se passa aos atos." E, com efeito, essa busca quase tântrica escondida atrás dos clichês alarmantes ou incômodos sobre os quais Mishima, torso nu, a cabeça cingida de uma bandana tradicional, brande um sabre de *kendo* ou aponta para seu ventre o punhal que o estripará um dia, conduz de modo inevitável e irrevogável aos atos, o que é ao mesmo tempo sua prova de eficácia e seu perigo. Mas a que ato? O mais puro, aquele do sábio dedicado à contemplação do Vazio, esse vazio que é também o Pleno não manifestado, percebido por Honda como um céu violentamente azul, exige talvez um paciente treinamento ao longo dos séculos. À sua revelia, resta a devoção desinteressada a uma causa, supondo-se que se possa acreditar em uma causa, ou fazer como se acreditasse. Teremos a oportunidade de examinar mais de perto essa questão. Quanto às formas mais banais nas quais pode se degradar a energia pura, Mishima as havia conhecido, e, além disso, descrito a maioria. O dinheiro e a aparente respeitabilidade não haviam feito de Honda senão uma "miserável palha" entre os dentes dos deuses destruidores. O sucesso apodrece como o Anjo. A devassidão, se admitirmos que esse homem controlado se tenha a ela um dia entregado, era um estado ultrapassado. A busca do amor roça a do absoluto: a heroína de *A sede de amar* mata e Kiyoaki morre, mas parece, até onde se pode julgar esse tipo de coisa, que o amor raramente desempenhou para Mishima um papel essencial. A arte, nesse caso a arte de escrever, parece na obrigação de desviar, em sua vantagem, essa energia incondicional, mas as "palavras" perderam seu sabor, e ele sabe sem dúvida que aquele que se dedica por inteiro a escrever livros não escreve belos livros. A política, com suas ambições, seus compromissos, suas mentiras, suas baixezas ou suas empreitadas mais ou menos camufladas em razão de Estado, parece seguramente a mais decepcionante dessas atividades possíveis; ainda assim, os últimos atos e a morte de Mishima serão "politizados".

É sob esse aspecto de baixeza que o escritor, desde 1960, a vira, não sem desenvoltura, nas negociatas eleitorais de *Depois do banquete*, depois, mais melancolicamente, numa de suas peças mais célebres, *Toka no Kiku* [Os crisântemos do segundo dia][27], em que o velho Mori, antigo ministro da Fazenda, honesto servidor da ordem e das instituições tais como elas são, é ainda assim tomado de simpatia pelos jovens idealistas que tentaram assassiná-lo. Reencontramos aqui, visto do ângulo oposto, o jovem Isao decidido a acabar com os homens dos grandes cartéis e suas sustentações oficiais. Mais áspera, a descrição de intrigas policiais em *Yorokobi no Koto* [O *koto* da alegria], em que os motins supostamente de esquerda são obra de provocadores profissionais, e nos quais um único homem que escuta, como numa alucinação, o som do alaúde japonês é também o único de coração puro. Mais friamente lúcido, a despeito de seu incômodo lirismo erótico, *Wagatomo Hittora* [Meu amigo Hitler], que precede de pouco mais de um ano a morte do autor, e onde essa expressão é ironicamente colocada nos lábios de Roehm, que vai ser aniquilado.[28] Nenhuma dessas peças é exatamente militante, não mais do que *Lorenzaccio*[29] é um ataque contra os Médicis. É da própria vida que se trata, e de suas rotinas e de seus

---

27. A festa dos crisântemos é realizada em 9 de setembro. Os crisântemos do segundo dia são, portanto, considerados como o símbolo daquilo que é tardio e inútil.
28. Dispensável dizer que o próprio título era provocador, e ainda mais visto que Mishima, levando a ironia até o ponto em que ela se torna transparente, fizera imprimir nos programas do espetáculo a seguinte frase: "Uma detestável homenagem a esse perigoso herói, Hitler, pelo perigoso ideólogo Mishima." Ainda que terminando o texto com uma frase sinistramente justa: "Hitler foi um sombrio personagem, como o século XX é um século sombrio", a impressão de bravata só ficou assim mais reforçada, sem contar que, conforme recordamos, o Japão da Guerra do Pacífico havia sido aliado de Hitler, e não gostava nem um pouco que o lembrassem disso.
29. Peça escrita pelo poeta e dramaturgo francês Alfred de Musset, em 1834. [N.E.]

hábitos e desvarios, já percebidos e ultrapassados. Em *Cavalo selvagem*, pouco antes de sua morte violenta, o jovem Isao se pergunta "por quanto tempo ele conhecerá ainda o prazer um tanto imundo de comer". Outra observação, desdenhosa, de um realismo quase desconcertante, diz respeito aos órgãos sexuais que carregam, sob suas roupas, os seres humanos. A existência deixou de ser sentida como outra coisa senão um brinquedo fútil, e um pouco deturpado.

No entanto, do desgosto dessas embrulhadas políticas da época e, não nos esqueçamos, da situação particular do Japão, unido por acordos ao antigo inimigo, nascia um militante. Falar de fascismo, como o fazem os críticos que gostam ao mesmo tempo de desacreditar e simplificar, é esquecer que no Ocidente, um fascista, termo essencialmente mediterrâneo no início, se define como um membro da grande ou pequena burguesia que passa ao ataque contra aquilo que ele estima ser a agressão da esquerda, tomando como apoio a indústria e a elite financeira, e, lá onde ainda existe, o latifúndio; o chauvinismo e o imperialismo logo entram no jogo, nem que seja só para unir as multidões e para oferecer um campo de expansão aos grandes negócios, mais tarde para sustentar uma ditadura hesitante. O nazismo, fenômeno germânico, funesto desde seu começo, com seu obsceno elemento de racismo, afasta-se por esse aspecto obsessivo do mais pragmático fascismo que, no entanto, serviu-lhe de exemplo, ainda que as duas hastes da pinça acabem por se encontrar. O eixo em Mishima se posiciona de modo um pouco diferente.

Tudo se passa como se os acontecimentos que precederam, acompanharam ou decorreram da derrota de seu país (a qual, nós já o vimos, ele negou em várias ocasiões que tivesse tido o menor efeito sobre sua adolescência), hecatombes ou suicídios em massa de soldados e civis nas ilhas conquistadas, Hiroshima, mencionada por ele de passagem, bombardeios de Tóquio, descritos em *Confissões de uma máscara* como seriam descritas as consequências de uma monstruosa tempestade ou um terremoto, processos políticos nos quais se exerce frequentemente apenas a "justiça do vencedor", fossem outros tantos choques percebidos ou recusados pela inteligência e sensibilidade consciente de um rapaz de vinte anos. O sacrifício dos *kamikazes*, mirando seus aviões privados de trem de aterrissagem contra a chaminé ou a casa de máquinas dos navios inimigos, ao que parece, não comoveu nem um pouco em seu tempo aquele Mishima que saiu com passos vacilantes, reformado, da junta de alistamento militar, acompanhado de seu pai patriota, porém com passos igualmente vacilantes. Da mesma forma o discurso difundido pela rádio do Imperador, repudiando sua qualidade de representante de uma dinastia solar, tão perturbador para as massas japonesas quanto o seria para as multidões católicas, o discurso de um papa renunciando à infalibilidade e deixando de se considerar como o representante de Deus. A imensa necessidade de acabar com a guerra havia amortecido o choque para o jovem escritor, como ocorreu para as multidões japonesas.

Foi somente em 1966, no primeiro de seus textos nitidamente politizados, *Eirei no Koe* [As vozes dos mortos heroicos], que Mishima percebeu, ou pelo menos o disse em alto volume que, na ótica do Japão antigo, que era a deles, os *kamikazes* morreram por nada, a renúncia do Imperador de seu papel de símbolo divino tendo removido todo sentido desses fins heroicos. "Soldados corajosos morreram porque um deus lhes ordenou a combater, e menos de seis meses mais tarde, essa selvagem batalha foi interrompida de uma vez porque um deus havia ordenado o cessar-fogo. Mas Sua Majestade declarou: 'Na verdade, eu mesmo sou um mortal.' E isso menos de um ano após nós termos nos lançado como granadas contra os costados dos navios inimigos, pelo nosso Imperador, que era deus! Por que o Imperador se tornou um homem?" Esse poema — pois esse trecho de prosa é um poema —, que indignou igualmente a esquerda e a extrema direita, ofendida com a crítica ao Imperador, é contemporâneo de um outro no qual Mishima denuncia o Japão "de barriga cheia" de sua época e constata que "até mesmo o prazer perdeu seu sabor" e que "a inocência é vendida na feira" desde que o antigo ideal nipônico foi traído. As grandes vozes de nossa vida atravessam com frequência uma zona de silêncio antes de nos alcançar. Para o escritor transtornado pela indolência daqueles tempos, essas jovens vozes dos *kamikazes*, velhas de no máximo vinte anos, se tornaram nesse intervalo de tempo aquilo que Montherlant teria chamado de "as vozes de um outro mundo".

 A ocupação americana e suas longas sequelas de tratados mantendo o Japão dentro da zona de influência ianque não parecem, elas tampouco, tê-lo atingido senão tardiamente. A ocupação só foi evocada, conforme vimos, em *Cores proibidas* pela apresentação de alguns fantoches dissolutos; em *O Pavilhão Dourado*, somente pela cena, sem dúvida devastadora, do gigante americano em uniforme, quase totalmente ébrio, forçando o seminarista aterrorizado a pisar sobre a barriga de uma moça e lhe pagando com dois maços de cigarros. Mas esse incidente poderia ter sido escolhido por um romancista amante de situações fortes sem ser considerado xenófobo. Em *O Templo da Aurora*, situado em 1952, a ocupação em si é mantida em segundo plano, mas com bastante evidência é mostrada a vantagem que tiram dela aqueles e, sobretudo, aquelas que sabem como se virar; e as meretrizes acham graça, quando observam através de um canal do rio Sumida que corre, poluído, na Tóquio moderna do prazer e dos negócios, o jardim de um hospital americano onde repousam em suas espreguiçadeiras os estropiados e os mutilados da Guerra da Coreia.

Voltemos atrás para considerar, desta vez unicamente do ponto de vista político, o primeiro romance de Mishima centrado num eixo contestador, *Cavalo selvagem*, situado na paisagem de inflação, miséria no campo, tumultos e assassinatos políticos reais do Japão de 1932. Das perturbações daquele ano, Mishima, com seis anos de idade, percebeu muito pouca coisa, e, do golpe de estado fracassado de 1936, do qual surgirá o admirável filme *Patriotismo*, apenas o bastante sem dúvida para que esses incidentes, guardados em reserva, retornem do fundo da consciência do homem de quarenta anos. Em *Cavalo selvagem*, Isao planeja bombardear, com o auxílio de um piloto da força aérea, pontos estratégicos de Tóquio, depois ele desiste em detrimento do plano um pouco menos perigoso que consiste em lançar manifestos denunciando a corrupção de um ministério submisso aos homens de negócios, e a prometer sua substituição imediata por outro, sob as ordens diretas do Imperador. O golpe inclui também a ocupação por meios terroristas das centrais elétricas, do Banco do Japão e, meta suprema, o assassinato de doze dos membros mais influentes do Zaibatsu. Com o fracasso desse plano, ele se contenta, antes de morrer, em matar um só, o velho Kurahara, indivíduo sentimental de lágrimas fáceis, que oculta um temível lince. Esses projetos e esse crime fazem de Isao, certamente, um terrorista autêntico, mas o colocam a milhares de léguas de um fascista ocidental, que jamais vimos matar um banqueiro.

Para começar, uma cena típica de Mishima, de uma ironia ao mesmo tempo rasa e rangente, nos mostra, convidados a jantar por um dentre eles, e escoltados pelos seus seguranças particulares com pinta de assassinos que jantam na sala vizinha, os personagens mais valorizados do Zaibatsu. Em contraponto à conversa insípida das damas, ocorre um episódio banal de homens bem informados, que consideram a inflação como uma manobra ao mesmo tempo indispensável e sagaz ("é bem simples, basta colocar seu dinheiro em mercadorias ou matérias-primas") e julgam o drama da classe camponesa encurralada pela fome ou pela expropriação como um desses fatos históricos marginais que precisam ser aceitos. Um jovem visconde, de sensibilidade preservada, talvez por não ter obtido ainda cargo algum, cita uma carta enviada pelo pai de um recruta às autoridades militares, explicando que, apesar da tristeza que sente ao formular tal desejo para um bom filho, ele espera que este caia o mais cedo possível no campo de batalha, visto que, no estado atual de miséria e marasmo da aldeia, ele será na fazenda paterna apenas uma boca inútil. Algumas pessoas se entristecem, mas advertem ao jovem idealista, logo embaraçado pela própria audácia, que a grande política não toma conhecimento dos casos particulares. Alguns desses comensais representam a aristocracia de nome e dinheiro do início da tetralogia. O marquês de Matsugae, pai de Kiyoaki, envergonha-se com o fato de que, apesar de seu lugar na assembleia, sua falta de importância é tanta que a polícia não lhe fornece guarda-costas.

Mishima não ignorava que essas mesmas descrições da "classe dominante" e esses mesmos projetos terroristas tivessem podido muito bem emanar de um escritor de extrema esquerda.[30] E, antes de 1969, ele aceita, não sem coragem (pois o terrorismo se exerce por toda parte), um debate público com um poderoso grupo de estudantes de esquerda na Universidade de Tóquio. Debate cortês, no fim das contas, e sem o aspecto de obtusa incompreensão que caracteriza com frequência na Europa a presença da direita e da esquerda. Após a sessão, Mishima envia seus

---

30. É interessante comparar *Cavalo selvagem* com duas obras do jovem escritor comunista Takiji Kobayashi, morto pela polícia em 1933, *Kanikosen* [O navio usina] e *Fuzai jinushi* [O dono do negócio], que têm também por ponto de partida a miséria e a fome nas regiões rurais. *Narayama* (1958), de Shichiro Fukazawa, é também um grande poema sobre a fome.

honorários de conferencista à caixa do partido, um gesto de cortesia que lembra os lutadores de *kendo* se cumprimentando depois do combate. De um dos biógrafos americanos de Mishima, Henry Scott-Stokes, tomo emprestadas essas poucas observações que o escritor lhe teria feito após esse encontro: "Descobri que eu tinha com eles um bocado de pontos em comum, a ideologia rigorosa e o gosto pela violência física, por exemplo. Eles e eu, nós representamos uma nova espécie de Japão. Somos amigos separados pelos arames farpados; nós nos sorrimos sem poder nos abraçar. Nossos objetivos se assemelham; temos sobre a mesa as mesmas cartas, mas eu possuo um trunfo que eles não têm: o Imperador."

O Imperador... *Tenno heika Banzai!* (Longa vida ao Imperador!) será o último grito de Mishima ao morrer e de seu companheiro que morreu com ele. Pouco lhe importa que Hirohito, neste ponto fiel ao papel no qual o restringem as circunstâncias, seja um líder de envergadura bastante medíocre (ainda que tenha tomado durante seu reinado, levado talvez pelo próprio entusiasmo, duas decisões que Mishima só poderia desaprovar, o esmagamento do golpe de estado militar de 1936 e a renúncia a seu posto de divindade solar). Da mesma forma, pouco importa para um partidário do poder papal que o pontífice de seu tempo seja ou não um medíocre. De fato, o Imperador nunca foi onipotente no Japão, exceto na época das lendas. Os imperadores Heian, mantidos na coleira pelos seus ministros oriundos de dois grandes clãs rivais, abdicaram jovens, deixando como de costume um herdeiro de pouca idade que assegurava aos verdadeiros dirigentes todos os benefícios de uma regência. Mais tarde, os xoguns, ditadores militares que prepararam desde há muito o Japão moderno, governaram em Kamakura, depois em Edo (a Tóquio de hoje em dia), cercados de uma corte em que se espremiam os ambiciosos e os espertos, ao passo que o Imperador e seus cortesãos levavam em Kyoto uma existência cheia de prestígio, mas reduzida às atividades culturais ou rituais. Mais próximo de nós, finalmente, o imperador Meiji empossado em Tóquio em 1867 reinou de forma mais efetiva, porém, subordinado às forças quase irresistíveis da modernização, da industrialização, do parlamentarismo, a toda aquela imitação do estrangeiro que denunciava em 1877 o grupo de samurais contestadores tão reverenciados por Isao. (Quando pensamos naquilo que o "progresso" viria a trazer para o Japão menos de meio século depois dessa aventura, não nos sentimos mais tentados a ridicularizar esses samurais que, por ódio à modernidade vinda do exterior, se isolavam, e se protegiam com suas viseiras de ferro ao passar sob os fios telegráficos.) A restituição ao Imperador de sua classe de monarca, ao mesmo tempo efetivo e místico, defensor dos humildes e dos oprimidos, foi com frequência no Japão o "grande desígnio" dos idealistas aflitos com o estado do mundo, ainda que, para realizá-lo, fosse preciso enfrentar o *"establishment"* imperial em si. Isao, contemplando um sol sombrio que se põe, murmura para seus sequazes: "O rosto de Sua Majestade é visível no sol poente. E o rosto de Sua Majestade está transtornado..." Este lealista é de direita pela sua fidelidade ao Imperador, de esquerda pelo seu afeto aos camponeses oprimidos e esfaimados. Na prisão, sente vergonha por ser mais bem tratado do que os comunistas, que são espancados.

Foi enquanto terminava *Cavalo selvagem* que Mishima, arrebatado então pelo que ele chamava de Rio da Ação, fundou a Sociedade do Escudo, a Tatenokai, agrupamento de uma centena de homens, quantidade que se acredita ter sido fixada por ele, ao qual deu às próprias custas uma formação paramilitar. Esse tipo sempre perigoso de milícia surge quase inevitavelmente em todos os países restringidos por tratados a um exército fraco e a uma política nos rastos e a reboque daquela do antigo inimigo. Limitava-se a Sociedade do Escudo a exercícios de combate, dos quais o próprio Mishima participava, sob a proteção de um regimento do exército regular acantonado ao pé do Fuji? Esse escudo (não desagrada a Mishima designá-lo em inglês pela sigla ss, Shield Society, ainda que ele não ignorasse estar assim evocando precedentes atrozes), nós sabemos que é, no espírito de seu líder, "o Escudo do Imperador". Em inúmeras sociedades secretas, os objetivos precisos (outros que não sejam, no caso em questão, uma espécie de escotismo guerreiro para adultos) permanecem ocultos, não somente para o público, mas para os adeptos, e talvez até mesmo para o chefe: "A Sociedade do Escudo é um exército em estado de espera. Impossível saber quando nosso dia chegará. Talvez jamais, talvez, ao contrário, amanhã. Até lá, nós nos manteremos em posição de sentido. Nada de manifestações nas ruas, nada de cartazes, nada de discursos públicos, nada de combates com coquetel-molotov ou pedradas. Até o derradeiro e pior momento, nós nos recusamos à exposição através dos atos. Pois somos o menor exército do mundo e o maior de todos pelo espírito." Esse espírito, contudo, só se manifesta de modo insípido numa espécie de canção patriótica de estudantes composta por Mishima, estrofes que provam a que ponto um grupo de cem homens já pode ser considerado uma multidão à espera, como tal, de sua pastagem de clichês.[31]

É quase impossível que um homem, que na mesma época descrevia Isao tentando reunir cúmplices, visando a um golpe de estado, não tenha imaginado ações análogas. Apesar disso, em outubro de 1969, no momento da ratificação dos novos tratados americanos, uma ocasião em que se temiam intensas insurreições da esquerda, que não se produziram (a extrema-direita, tampouco, se mexeu), o estado-maior da Tatenokai se reuniu num hotel em Tóquio; Morita, ajudante de ordens de Mishima, e que viria a ser um ano depois seu companheiro de morte, propôs a ocupação da assembleia do parlamento, conforme fizera o próprio Isao, cuja idade era mais ou menos a mesma que a sua. Mishima opôs-se a isso, considerando que o desfecho

---

31. A palavra imperialista, frequentemente empregada pelos biógrafos de Mishima, induz ao erro ainda mais do que a palavra fascista. Nem Isao, tão indiferente à guerra de Manchukuo, nem mesmo o Mishima do manifesto de 25 de novembro de 1970 são exatamente imperialistas. São lealistas e nacionalistas de extrema-direita. Que o imperialismo tivesse ressurgido, se o sonho de restauração imperial e de anulação dos tratados fosse realizado, é por sinal provável, mas nos desvia da questão.

seria um revés. Ele aproveitou a lição de sua própria descrição do desastre de Isao.

É fácil ridicularizar o uniforme teatral escolhido pelo Escudo. Uma fotografia mostra Mishima numa túnica com duas filas de botões e sob um chapéu de oficial, sentado, cercado de tenentes vestidos da mesma forma. À sua direita, Morita, definido por uns como um imbecil, por outros como nascido para comandar é, de longe, o melhor do grupo, muito belo na força da juventude, com o rosto liso e pleno de certos bronzes asiáticos do século XVII[32]; atrás deles, três jovens que servirão um dia de testemunhas ao suicídio: Furu-Koga, Ogawa e Chibi-Koga. Esses rapazes (a maior parte dos sequazes provinha do meio estudantil) dão uma impressão de imaturidade e de fragilidade, mas Furu-Koga demonstraria um ano mais tarde sua habilidade com o sabre. A despeito das fisionomias japonesas, os rígidos uniformes fazem pensar na Alemanha e na velha Rússia. Mas talvez seja de esperar que um célebre dramaturgo, promovido a homem de ação, ou se empenhando em sê-lo, traga atrás de si vestígios de figurinos e acessórios teatrais, assim como um professor carrega na ação política seu estilo de professor.

A Tatenokai foi dissolvida logo após a morte de Mishima, e segundo suas ordens, o que não prova necessariamente que só se tratasse de um passatempo cultivado, depois interrompido, para seu exclusivo prazer,

---

32. Esta beleza é sobretudo visível numa fotografia de cabeça nua em que, conforme disseram, o rosto de Morita não deixa de lembrar o de Omi, o ídolo do colégio de *Confissões de uma máscara*.

por um exibicionista ou um megalômano. Esse punhado de homens arregimentados parecia insignificante aos seus contemporâneos, senão anódino, um tanto ridículo, mas não é certo que possamos ainda julgá-lo assim. Já vimos demasiadamente a quantidade de países considerados ocidentais, ou a ponto de se tornarem, e aparentemente contentes com isso, nos reservarem surpresas, e como, em cada caso, as perturbações são obras de pequenos grupos inicialmente desdenhados ou tratados com ironia. Se jamais uma revolução nacional e reacionária viesse a triunfar, ainda que brevemente, no Japão, como ocorre nesse momento em certos países islâmicos, o Escudo teria sido um precursor.

O erro grave do Mishima de 43 anos, como aquele, mais desculpável, de Isao aos vinte anos, em 1936, é não ter visto que, mesmo que as feições de Sua Majestade resplandecessem novamente no nascer do sol, o mundo dos "barrigas cheias", do prazer "revelado" e da inocência "vendida" permaneceria o mesmo ou se reformaria, e que o mesmo Zaibatsu, sem o qual um Estado moderno não poderia subsistir, retomaria seu lugar preponderante, sob o mesmo nome, ou com outros nomes. Essas observações quase primárias, mas sempre úteis de serem reiteradas, são mais pertinentes do que nunca numa época em que não é só um grupo, um partido ou um país que sofre de uma espécie de poluição, mas a terra. É estranho que o escritor, que tão bem retratou em *Mar da Fertilidade* um Japão que atingira sem dúvida o ponto irreversível, tenha acreditado que um gesto violento pudesse mudar alguma coisa. Mas seus próximos, tanto japoneses quanto europeus, parecem ter sido ainda mais incapazes do que nós para julgar a fonte de desespero de onde surgiam seus atos. Em agosto de 1970, três meses antes da realização do *seppuku*, o biógrafo inglês de Mishima se espanta ao ouvi-lo declarar que o Japão sofre de uma maldição: "O dinheiro e o materialismo reinam; o Japão moderno é feio", disse ele. Depois, lançou mão de uma metáfora. "O Japão é vítima da serpente verde. Não escaparemos dessa maldição." O jornalista-biógrafo prossegue: "Eu não sabia como interpretar suas palavras. Quando ele saiu, [um de nós] disse: 'ele está em uma de suas crises de pessimismo; só isso.' Nós começamos a rir, mas meu riso foi apenas superficial. Uma serpente verde: o que vocês acham disso?"

Essa serpente verde, símbolo do mal que se tornou irreparável, é evidentemente aquela que escapa, visível na palidez do amanhecer, da vivenda incendiada de Honda, enquanto os sobreviventes, prudentemente sentados na outra margem da piscina à americana, cuja água reflete as ruínas mal apagadas, sentem o odor queimado do casal drogado demais para conseguir fugir, e o chofer, como se nada houvesse, desce ao vilarejo a fim de comprar os ingredientes para o café da manhã. É também a serpente que morde o pé da inconstante Chan, que por isso morre. A imagem de um réptil que representa o Mal é velha como o mundo. Nós nos perguntamos, no entanto, se essa, talvez mais bíblica do que extremo-asiática, não vem do fundo das leituras europeias de Mishima. Em todo caso, desde o primeiro volume da tetralogia, no episódio de aparência bastante simplista da esmeralda perdida, o verde da gema já traz consigo seu reflexo.

Um dos biógrafos de Mishima se deu ao trabalho de relacionar os nomes de dez escritores japoneses bem conhecidos que se suicidaram ao longo dos primeiros sessenta anos do século XX. Este número não surpreende, num país que sempre honrou os fins voluntários. Mas nenhum deles morreu de maneira grandiosa. A morte de Mishima, ao contrário, será o tradicional *seppuku* contestatório e admonitório, a estripação, seguido imediatamente da decapitação pelo sabre, quando a presença de um auxiliar o permite. (Os últimos grandes suicídios realizados durante o tormento da derrota, 25 anos antes, aquele do almirante Onishi, líder das unidades de *kamikazes*, o do general Anami, chefe das Forças de Autodefesa, e os de uns vinte oficiais que, após a capitulação, haviam realizado o *seppuku* na entrada do palácio imperial ou no campo de manobras, parecem ter todos dispensado um auxiliar e o golpe de misericórdia.) As descrições de *seppuku* invadem doravante toda a obra de Mishima. Em *Cavalo selvagem*, é o suicídio em massa dos samurais revoltados de 1877, cuja aventura inflamara Isao. Vencidos pelo exército regular, os oitenta sobreviventes se estripam ritualmente, uns na estrada, outros no alto de uma montanha consagrada ao culto xintoísta. Suicídios por vezes truculentos, como o do herói glutão que se empanturrara antes de rasgar o ventre, outros comoventes pela presença das esposas que, elas também, decidem morrer: essa cascata inacreditável de sangue e entranhas horroriza e ao mesmo tempo exalta, como todo espetáculo de total coragem. Há algo da pura simplicidade dos ritos xintoístas, que esses homens realizaram antes de decidir combater, que paira ainda sobre esse espetáculo de carnificina, e os soldados enviados no encalço dos rebeldes subiram o mais lentamente possível a montanha para lhes deixar o tempo de morrer em paz.

Isao, por sua vez, fracassa parcialmente em seu suicídio. Apressado, a ponto de ser detido, ele não aguarda o momento sublime com o qual tinha sonhado: "Sentado sob um pinheiro, à beira do mar, ao raiar do sol." O mar está lá, negro dentro da noite, mas nenhum pinheiro tutelar vela sobre ele, e está fora de questão também esperar o sol nascer. Através de uma intuição de gênio nesse domínio, em si mesmo insondável, da dor física, Mishima concede ao jovem rebelde o equivalente ao nascer do sol que para ele virá tarde demais: a dor fulgurante da estocada do punhal em suas entranhas é equivalente ao da bola de fogo; ela se irradia dentro dele como os raios de um sol vermelho.

Em *O Pavilhão Dourado*, nós encontramos sob a forma de um sacrifício animal o equivalente do último ato do *seppuku* tradicional, a decapitação. Em Calcutá, no templo de Kali, a Destruidora, Honda contempla com curiosidade e repugnância controladas os sacrificantes que arrancam com um só golpe a cabeça de um cabrito, que um segundo antes tremia, resistindo, balindo, e agora jaz inerte, bruscamente transformado em coisa. Excetuando *Patriotismo*, ao qual voltaremos, outros ensaios gerais aconteceram: no teatro, numa peça *kabuki* em que Mishima desempenha o papel de um samurai que se suicida; num filme, em que tem um papel de comparsa, efetuando o mesmo gesto. Principalmente, enfim, num último álbum de fotografias publicado mais tarde a título póstumo, menos voluptuosas do que aquelas do primeiro álbum, *Tortura pelas rosas* [33], e no qual o vemos submeter-se a diversos tipos de morte, sufocado na lama, o que é, sem dúvida, um símbolo; esmagado por um caminhão carregado de cimento, o que talvez seja outro, ou em várias ocasiões realizando o *seppuku*, ou ainda como São Sebastião, cravado de flechas, imagem lancinante justificadamente célebre. Podemos optar por ver em tais imagens o exibicionismo e a obsessão doentia pela morte, explicação sem dúvida mais cômoda para um homem ocidental ou mesmo para um japonês de nossos dias, ou, ao contrário, uma preparação metódica diante do confronto com os derradeiros fins, tal como recomenda o famoso tratado *Hagakure* inspirado no século XVIII pelo espírito samurai, e que Mishima releu mais de uma vez:

> Todos os dias, esperai a morte, de modo que, quando vossa hora chegar, morrereis em paz. A infelicidade, quando chega, não é tão horrível quanto se temia... Trabalhai todas as manhãs acalmando vosso

---

33. Quando sabemos que Mishima supervisionou a tradução para o japonês de *O martírio de São Sebastião*, de D'Annunzio, e fez com que fosse representada em Tóquio, nós nos perguntamos se esse título não se inspirou na passagem em que, nesta bela peça, longa demais e lírica demais para o palco, o Imperador se propõe a asfixiar Sebastião sob um monte de rosas.

espírito, e imaginai o momento em que sereis talvez dilacerado ou mutilado por flechas, tiros, lanças, sabres, arrastado por imensas ondas, jogado às chamas, atingido pelo raio, derrubado por um terremoto, precipitado num abismo, ou torturado por uma enfermidade ou durante uma ocorrência imprevista. Morra em pensamento a cada manhã, e não mais temerás a morte.

COMO SE FAMILIARIZAR COM A MORTE ou A ARTE DE BEM MORRER. Há em Montaigne mensagens análogas (encontramos também algumas totalmente opostas) e, coisa curiosa, pelo menos um parágrafo de Madame de Sévigné, meditando sobre sua própria morte como boa cristã, o que dá mais ou menos no mesmo. Mas vivia-se ainda uma época em que o humanismo e o cristianismo observavam sem pestanejar seus derradeiros fins. Entretanto, nesse ponto parece que se trata menos de esperar a morte com os pés firmes do que de a imaginar como um dos incidentes, imprevisível na sua forma, de um mundo em perpétuo movimento do qual nós fazemos parte. O corpo, essa "cortina de carne" que sem cessar estremece e se move, acabará rasgado em dois ou desgastado até os ossos, sem dúvida para revelar esse Vazio que Honda só percebeu tarde demais e antes de morrer. Há duas espécies de seres humanos: aqueles que afastam a morte de seus pensamentos para melhor e mais livremente viver, e aqueles que, ao contrário, sentem que sua existência torna-se mais sábia e forte ao espreitá-la em todos os sinais que ela lhes faz através das sensações de seus corpos ou dos acasos do mundo exterior. Essas duas espécies de espírito não se fundem num amálgama. Aquilo que alguns chamam de um capricho mórbido, para outros, é uma heroica disciplina. Cabe ao leitor formar sua opinião.

Patriotismo, um dos contos mais notáveis que escreveu Mishima, foi filmado, encenado, dirigido e interpretado pelo autor num cenário *no* adaptado ao estilo modesto de uma residência burguesa de 1936. O filme, mais belo e mais traumatizante ainda do que o conto que ele condensa, tem dois personagens: o próprio Mishima no papel do tenente Takeyama, e uma moça belíssima no papel da esposa.

Estamos na noite em que a revolta dos oficiais da Direita foi esmagada por ordem superior, e os rebeldes serão executados imediatamente. O tenente pertencia ao grupo, mas foi afastado dele no último instante, em consideração ao seu estado de recém-casado. Tudo começa pelos gestos bem cotidianos da moça, que leu a notícia nos jornais, sabe que seu marido não irá querer sobreviver a seus camaradas, e decidiu morrer com ele. Antes de seu retorno, ela cuida de embalar com cuidado alguns bibelôs que lhe são queridos, e caligrafar sobre os embrulhos o endereço de parentes ou de antigas colegas da escola aos quais são destinados. O tenente chega. Seu primeiro gesto é o de sacudir a neve acumulada sobre sua capa militar, que sua esposa suspende; o segundo, igualmente prosaico, é o de retirar as botas na antecâmara, apoiado contra a parede, oscilando um pouco sobre uma perna como acontece em casos semelhantes. Somente num momento, por sinal brevíssimo, o autor-ator *representa* durante o drama; ele faz os gestos necessários, só isso. Revemos o tenente e sua esposa sentados face a face sobre uma esteira, sob o ideograma LEALDADE que decora a parede nua, e nos sentimos tentados a pensar que essa palavra conviria melhor como título do conto e do filme do que o de patriotismo, visto que o tenente vai morrer por lealdade para com seus camaradas, a jovem por lealdade a seu marido, enquanto o patriotismo propriamente dito só se apresenta no momento em que todos os dois rezam rapidamente pelo Imperador diante do altar doméstico, o que é ainda, nesse caso, e após o esmagamento da revolta, uma forma de lealdade.

O tenente anuncia sua decisão, a mulher a dela e, por um instante, em que Mishima de fato *representa*, o homem lança sobre a mulher um longo olhar melancólico e terno, no qual se revelam plenamente seus olhos que, durante a agonia, serão incessantemente obscurecidos pela viseira do chapéu, um pouco como os de uma estátua de Michelangelo por um elmo. Mas esse enternecimento não dura. Seu gesto seguinte demonstra para a jovem, posto que não há um auxiliar para o ritual da decapitação, como fazer para que penetre mais profundamente o punhal que ele tentará, com as forças já debilitadas, enfiar na garganta.[34] Em seguida, eles estão nus e fazem amor. Nós não vemos

---

34. Um dos biógrafos de Mishima, John Nathan, acha que a atitude do tenente em relação à sua esposa é "anormal" porque ele lhe pede para assistir à sua morte e ajudá-lo a receber o golpe de misericórdia. Um estoico não pensaria em nada assim, e Montaigne teria colocado Reiko na sequência de suas "Três mulheres" (*Ensaios*, livro II, capítulo XXXV).

o rosto do homem; o da mulher aparece tenso de dor e prazer. Mas não há nada de um filme pornô: a segmentação da imagem mostra mãos mergulhadas na floresta de uma cabeleira, essas mãos que eram, havia pouco, fantasmas carinhosos, envolvendo a jovem mulher ao longo dos últimos preparativos, lembrando-lhe o ausente; fragmentos de corpos que surgem e desaparecem: o abdome um pouco encovado da jovem esposa, sobre o qual a palma do homem passa e repassa afetuosamente no mesmo local em que ele vai em breve perfurar a si mesmo. E lá estão eles novamente, vestidos. Ela no quimono branco do suicídio, ele em seu uniforme e com o chapéu de oficial novamente sobre a cabeça. Sentados diante de uma mesa de centro, eles caligrafam seu tradicional "poema de adeus".

Depois, o trabalho medonho tem início. O homem deixa deslizar ao longo das coxas a calça do uniforme, envolve meticulosamente três quartos da lâmina do sabre com um modesto papel de seda, para usos domésticos e higiênicos, evitando assim cortar os dedos que devem guiar o aço. Antes da operação final, ainda falta fazer um último ensaio: ele se pica ligeiramente, com a ponta do sabre, e o sangue brota numa gotícula imperceptível que, diferente dos jorros que se seguirão, necessariamente simulados por meios cenográficos, é o autêntico sangue do ator e "o sangue do poeta". A esposa o observa, retendo suas lágrimas, mas, como todos nós em momentos grandiosos, sabemos que ele está só, ocupado com esses detalhes práticos que formam, em cada caso, a engrenagem do destino. A incisão de uma precisão cirúrgica corta, não sem dificuldade, os músculos abdominais que resistem, depois sobe para concluir a abertura. A viseira do chapéu preserva seu anonimato, mas a boca se franze e, mais comovente ainda do que a torrente de entranhas de cavalo de tourada ferido que agora escorre pelo chão, o braço estremecido ergue-se num imenso esforço, buscando a base do pescoço, enfiando a ponta da lâmina que a esposa, segundo ordem recebida, faz penetrar ainda mais. Pronto: o alto do corpo desaba. A jovem viúva passa para o cômodo vizinho e, gravemente, retoca sua maquiagem engessada e empoada de mulher japonesa de antigamente, depois volta ao local do suicídio. A parte de baixo do quimono branco e as meias brancas estão encharcadas de sangue; a longa cauda do vestido parece varrer o chão, sobre ele caligrafando alguma coisa. Ela se inclina, enxuga a sânie sobre os lábios do homem, em seguida, bem rápido, num gesto estilizado, pois não seria suportável duas vezes seguidas uma agonia realista, se degola com uma pequena adaga que ela retira da manga, como as japonesas aprenderam outrora a fazer. A mulher cai diagonalmente sobre o corpo prostrado do homem. O cenário humilde desaparece. A esteira se transforma num banco de areia ou de saibro fino, franzido, ao que parece, assim como um manto de *no*, e, como sobre uma jangada, os dois mortos partem à deriva, arrastados para a eternidade onde eles já se encontram. De tempos em tempos, única lembrança do mundo exterior nessa noite de inverno e alusão aos preparativos tradicionais do *no* de antigamente, um pequenino pinheiro coberto de neve será visto, lá fora, no espaço de um instante, no modesto jardinzinho desse drama de coragem e de sangue.

Se me alonguei por tanto tempo sobre este filme, que constitui num sentido uma espécie de pré-estreia, é porque a comparação com o *seppuku* do próprio Mishima nos permite definir melhor a distância entre a perfeição da arte, que mostra, numa luz clara ou sombria de eternidade, o essencial, e a vida com suas incongruências, suas desditas, seus mal-entendidos desconcertantes, devidos certamente à nossa incapacidade de penetrar, no momento que seria preciso, no interior dos seres e no fundo das coisas, mas também, e por isso mesmo, a essa incalculável estranheza da vida "crua", e que poderia se chamar, com uma palavra já gasta, existencial. Como em *O evangelho segundo São Mateus*, de Pasolini, em que Judas, correndo para seu fim, não é mais um homem, mas um turbilhão, desprende-se desses derradeiros momentos da vida de Mishima o odor de ozônio da energia pura.

Foi há cerca de dois anos antes de seu fim que se produziu para Mishima a grande ocasião, que sempre parece oferecer-se, assim que a vida adquire certa velocidade e certo ritmo. Um novo personagem faz sua aparição, Morita, então com

21 anos, provinciano educado num colégio católico, belo, um tanto atarracado, queimando com a mesma chama lealista daquele a quem logo irá chamar de mestre (*Sensei*), termo honorífico dado pelos estudantes a seus instrutores. Dizem que o gosto pela aventura cresceu em Mishima proporcionalmente ao ímpeto desse jovem; nós o vimos, contudo, conter seu cadete em 1969, durante um projeto de atentado. Dá vontade de acreditar que certos aspectos desagradáveis do *seppuku* dos dois homens[35] provinham da imaginação do mais jovem, talvez empanturrado de filmes e romances de violência, mas Mishima não precisava ser influenciado nesse sentido. No máximo, podemos crer num rejuvenescimento do entusiasmo de sua parte, encontrando enfim (Morita foi o último membro a se alistar no Escudo) o companheiro e talvez o sectário procurado. Mostram-nos esse rapaz enérgico, tão resistente que logo ao chegar participou dos exercícios da Tatenokai, arrastando sua perna engessada, que fraturara praticando esporte, "seguindo Mishima por todos os cantos como uma *fiancée*", frase que se valoriza quando percebemos que o termo em francês para noiva significa comprometer sua fé, e que não se pode conceber compromisso maior do que prometer a própria morte. Um biógrafo, que baseia sua explicação de Mishima em dados quase exclusivamente eróticos, insistiu um bocado sobre o aspecto sensual, por sinal hipotético, dessa dedicação; serviram-se disso para tentar fazer do *seppuku* um

---

35. Penso nos incidentes de tipo terrorista nos escritórios das Forças de Autodefesa.

shinju, o suicídio a dois, tão frequente nas peças de *kabuki*, na maior parte das vezes realizado por uma moça da zona de meretrício e por um rapaz pobre demais para resgatar ou conservar sua amada, e com maior frequência sob a forma de afogamento.[36] Não se pode acreditar que Mishima, depois de trabalhar seis anos na preparação de sua morte ritual, tenha elaborado essa encenação complicada de convocação das tropas e de protesto público precedendo a morte com a única intenção de suprir um cenário para uma despedida a dois. As coisas eram mais simples, e ele deixou claro esse ponto em seu debate com os estudantes comunistas, no qual chegara à conclusão de que o amor em si tinha-se tornado impossível num mundo privado de fé, os amantes sendo comparados a dois ângulos da base de um triângulo, e o Imperador que eles veneravam ao alto. Substituindo-se a palavra imperador pela palavra causa, ou pela palavra Deus, chegaremos a essa noção de uma superfície de transcendência necessária ao amor, sobre a qual eu já falei em outro momento. Morita, pelo seu lealismo quase ingênuo, atendia a essa exigência. É tudo o que se pode dizer, exceto, porém, que talvez seja mais simples e que dois seres que resolveram morrer juntos, e um pelo outro, queiram antes se encontrar, ao menos uma vez, sobre uma cama, e essa é uma noção a qual o antigo espírito samurai com certeza não transgrediu.

---

36. O duplo suicídio tentado por Saigo, o grande agitador liberal do século XIX, com seu amigo, o sacerdote Gessho, igualmente por afogamento e com motivações em grande parte políticas, fracassou, já que Saigo foi ressuscitado. É um dos raros exemplos que se conhece de um *shinju* projetado por dois homens.

Tudo está finalmente pronto. O *seppuku* será em 25 de novembro de 1970, dia em que o último volume da tetralogia foi prometido ao editor. Por mais envolvido que esteja na ação, Mishima pauta ainda sua vida pelas suas obrigações de escritor: ele se gaba de não ter jamais deixado de entregar um manuscrito na data estabelecida. Tudo está previsto, até mesmo, suprema cortesia para com seus assistentes, ou supremo desejo de conservar no corpo sua dignidade até o fim, os chumaços de algodão que servirão para impedir que suas tripas se esvaziem durante as convulsões da agonia. Mishima, que jantou num restaurante no dia 24 de novembro com seus quatro afiliados, retira-se, como todas as noites, para trabalhar, concluir seu manuscrito ou dar-lhe os últimos retoques, assiná-lo e enfiá-lo num envelope que um empregado do editor virá buscar durante a manhã seguinte. Ao amanhecer, ele toma uma ducha, barbeia-se meticulosamente, veste seu uniforme do Escudo sobre uma cueca de algodão branca e sobre a pele nua. Gestos cotidianos, mas que ganham a solenidade daquilo que não mais será feito. Antes de sair de seu escritório, ele deixa sobre a mesa um pedaço de papel: "A vida humana é breve, mas eu queria viver para sempre." A frase é característica de todos os seres suficientemente ardentes para serem insaciáveis. Pensando bem, não há contradição entre o fato de essas poucas palavras terem sido escritas ao alvorecer, e o fato de o homem que as escreveu estar morto antes do final da manhã.

Ele deixa seu manuscrito em evidência sobre a mesa do vestíbulo. Os quatro afiliados aguardam num carro novo, comprado por Morita; Mishima carrega sua pasta de couro contendo um precioso sabre do século XVII, um de seus bens mais queridos; a pasta contém também um punhal. No caminho, passam diante da escola onde se encontra nesse momento a mais velha das duas crianças do escritor, uma menina de onze anos, Noriko: "É o momento em que, num filme, se ouviria uma música sentimental", brinca Mishima. Prova de insensibilidade? Talvez o contrário. Às vezes, é mais fácil fazer uma brincadeira com aquilo que amamos profundamente do que não dizer coisa alguma. Sem dúvida, ele ri, o riso breve e ruidoso que se lhe atribui, e que é a marca daqueles que não riem inteiramente. Em seguida, os cinco homens se põem a cantar.

Eis que chegam a seu objetivo, o prédio das Forças de Autodefesa Nacional. Esse homem que, dentro de duas horas, estará morto, e que, de qualquer maneira, se propõe a isso, demonstra, porém, um último desejo: falar às tropas, denunciar na sua presença o estado nefasto em que ele considera o país mergulhado. Esse escritor que constatou a perda do sabor das palavras acreditará mesmo que o discurso terá mais potência? Sem dúvida, ele quer multiplicar as ocasiões de exprimir publicamente as razões de sua morte, para que não se apliquem, mais tarde, a camuflá-las ou negá-las. Duas cartas escritas para jornalistas, nas quais ele pediu que se encontrassem no local naquele momento, sem lhes indicar por sinal os motivos, demonstram que ele temia, aliás, com todo direito, essa espécie de maquiagem póstuma. Talvez também, tendo conseguido infundir alguma coisa de seu ardor aos adeptos do Escudo, ele acreditasse ser possível fazer o mesmo com algumas centenas de homens que se encontram ali dispostos. Mas somente o general comandante-em-chefe pode lhe dar a autorização necessária. Foi marcado um encontro, sob pretexto de exibir para o comandante o belo sabre assinado por um célebre armeiro. Mishima justifica a presença de seus cadetes em uniforme alegando uma reunião à qual devem comparecer. Enquanto o general admira as marcas delicadas, quase invisíveis, que sulcam o aço polido, dois dos afiliados atam seus braços e pernas à poltrona. Dois outros e o próprio Mishima se precipitam para trancar e bloquear as portas. Os conjurados parlamentam com o exterior. Mishima exige a reunião das tropas às quais ele se dirigirá da varanda. O general será executado se houver recusa. Acham mais prudente obedecer, mas durante uma tentativa de resistência, vinda tarde demais, Mishima e Morita, que tomavam conta da porta ainda entreaberta, ferem sete ordenanças. Procedimentos terroristas, ainda mais detestáveis para nós que já os vimos sendo empregados em demasia, um pouco em todo lugar, durante os dez anos que nos separam desse incidente. Mas Mishima faz questão de apostar até o fim em sua última chance.

As tropas lá embaixo se reúnem, cerca de oitocentos homens insatisfeitos por ter sido removidos de suas rotinas de trabalho ou de seus lazeres por aquela determinação inesperada. O general aguarda pacientemente. Mishima abre a porta da varanda, sai à sacada, salta, como bom atleta, sobre a balaustrada: "Vemos o Japão se inebriar de prosperidade e mergulhar no vazio espiritual... Iremos lhe restituir sua imagem e morreremos ao fazê-lo. É possível que vocês queiram apenas viver, aceitando um mundo no qual o espírito morreu?... O exército protege o mesmo tratado[37] cujo direito de existir ele recusa... Em 21 de outubro de 1969, o exército deveria ter tomado o poder e exigido a revisão da Constituição... Nossos valores fundamentais, enquanto japoneses, estão ameaçados. O Imperador não ocupa mais seu justo lugar no Japão..."

Injúrias, palavras obscenas são lançadas na sua direção. As últimas fotografias o mostram, o punho cerrado, a boca aberta, com aquela feiura particular do homem que berra ou que urra, mímica que denota, sobretudo, um esforço desesperado para se fazer ouvir, mas que lembra dolorosamente as imagens dos ditadores ou dos demagogos, de qualquer bordo que sejam, que há meio século envenenam nossa vida. Um dos ruídos do mundo moderno logo se une às vaias: um helicóptero que foi chamado sobrevoa o pátio, triturando tudo com o rumor de suas hélices.

Com outro salto, Mishima desce à varanda; reabre a porta da sacada, seguido por Morita, que empunha um estandarte desfraldado com os mesmos protestos e as mesmas reivindicações, senta-se no chão, a um metro do general, e realiza passo a passo, com uma perfeita maestria, os gestos que o vimos fazer no papel do tenente Takeyama. Terá sido a dor atroz a mesma que ele previra e da qual tentou se instruir quando imitava a morte? Ele pedira a Morita para não lhe deixar sofrer por muito tempo. O jovem desfere um golpe

---

37. Os acordos sino-americanos, prorrogados no ano anterior.

de sabre, mas as lágrimas turvam-lhe os olhos e suas mãos tremem. Ele só consegue infligir ao moribundo dois ou três cortes na nuca e no ombro. "Dê-me isso!" Furu-Koga apanha destramente o sabre e, num único gesto, faz o que é preciso. Enquanto isso, Morita senta-se no chão por sua vez, mas falta-lhe a força e só consegue fazer, com o auxílio do punhal que foi tomado da mão de Mishima, um profundo arranhão. O caso havia sido previsto no código do samurai: o suicida jovem demais ou velho demais, fraco demais ou fora de si para realizar corretamente o golpe devia ser decapitado de imediato. "Vá em frente!" Foi o que fez Furu-Koga.

O general se inclina tanto quanto lhe permitem os nós que o prendem e murmura a oração budista para os mortos: "*Namu Amida Butsu!*" Esse general do qual nada esperávamos se conduz de modo bastante razoável diante do drama cruel e imprevisto do qual é testemunha. "Parem com essa carnificina; é inútil." Os três jovens respondem em uníssono que prometeram não morrer. "Podem chorar todas as suas lágrimas, mas se retenham quando as portas forem reabertas." Intimação um tanto seca, mas que era melhor, na presença daqueles soluços, que uma ordem brutal de não chorar. "Cubram decentemente esses corpos." Os cadetes recobrem a parte de baixo dos corpos com a túnica do uniforme, e erguem, ainda em lágrimas, as duas cabeças cortadas. E finalmente, pergunta que se entende da parte de um chefe: "Vocês vão me deixar ser visto pelos meus subordinados atado dessa maneira?" Soltam-no; destrancam e desbloqueiam as portas; os três rapazes estendem as mãos às algemas que os soldados já tinham prontas; os jornalistas se precipitam na sala onde paira um cheiro de açougue. Deixemos que eles façam seu trabalho.

Viremos agora para o lado do auditório. "Ele era louco", disse o primeiro-ministro, interrogado naquele instante. O pai ouviu as primeiras notícias, anunciando o discurso às tropas, ouvindo o rádio ao meio-dia; sua reação foi aquela típica das famílias: "Isso só vai me trazer problemas! Será preciso se desculpar com as autoridades..." A esposa, Yoko, ouviu ao meio-dia e vinte a notícia da morte, dentro de um táxi que a transportava para um almoço. Interrogada mais tarde, ela responderá que já esperava um suicídio, mas só em um ou dois anos. ("Yoko não tem imaginação", disse Mishima [38] certa vez.) As únicas palavras comoventes foram pronunciadas pela mãe, quando ela acolhe os visitantes que vieram prestar suas homenagens. "Não lamentem por ele. Pela primeira vez na sua vida, ele fez o que desejava fazer." Ela exagerava, sem dúvida, mas o próprio Mishima escrevera em julho de 1969: "Quando revivo no pensamento os últimos 25 anos, seu vazio me enche de espanto. Mal posso dizer ter vivido." Mesmo na vida mais deslumbrante e mais satisfeita, aquilo que se quer realmente fazer quase nunca é realizado, e das profundezas e das alturas do Vazio, aquilo que foi, e aquilo que não foi, parecem igualmente miragens ou sonhos.

---

38. Pode ser, com efeito, que a imaginação japonesa não esteja sempre voltada para o exterior e para o outro. Mas parece que Mishima desconhecia certas qualidades da brilhante moça. Em mais de uma ocasião, e em particular quando se tratou de defender os jovens cúmplices do suicídio de seu marido, e de obter a redução da sentença deles na prisão, Yoko Mishima demonstrou coragem e esse senso da realidade que parece nunca a abandonar.

Há uma fotografia da família sentada numa fileira de cadeiras, durante a cerimônia de homenagem fúnebre que, apesar de uma desaprovação quase geral do *seppuku*, atraiu milhares de pessoas. (Parece que esse ato violento transtornou profundamente aquelas pessoas instaladas num mundo que lhes parecia sem problemas. Levá-lo a sério teria sido renegar sua adaptação à derrota e ao progresso da modernização, assim como da prosperidade que se seguiu a esta. Era melhor ver nesse gesto apenas uma mistura heroica e absurda de literatura, teatro e necessidade de fazer com que falem de si.) Azusa, o pai, Shizue, a mãe, Yoko, a esposa, tinham cada um sem dúvida seu juízo e suas interpretações pessoais. Pode-se vê-los de perfil, a mãe inclinando um pouco a cabeça, as mãos unidas, e a quem a dor dá um aspecto rabugento; o pai, aprumado, bem empertigado, provavelmente consciente de estar sendo fotografado; Yoko, bonita e impenetrável, como sempre; e, mais perto de nós, na mesma fila, Kawabata, o velho romancista que recebera o Prêmio Nobel no ano precedente, o mestre e amigo do defunto. Esse rosto emaciado de velho é de uma extrema delicadeza; a tristeza nele se lê como se através de uma transparência. Um ano depois, Kawabata se suicidaria, sem rito heroico (ele se contentou em abrir a torneira do gás), e tinham-no ouvido dizer durante o ano que ele havia recebido a visita de Mishima.

E agora, mantido em reserva para o fim, a última imagem e a mais traumatizante; tão perturbadora que raramente foi reproduzida. Duas cabeças sobre o tapete sem dúvida sintético do escritório do general, dispostas uma ao lado da outra, como dois pinos de boliche, quase se tocando. Duas cabeças, esferas inertes, dois cérebros que não mais se irrigam de sangue, dois computadores inativos em sua tarefa, que não selecionam mais e não decodificam mais o perpétuo fluxo de imagens, de impressões, de estímulos e de respostas que passam aos milhões a cada dia através de um ser, formando, todos juntos, aquilo que chamamos de vida do espírito, e mesmo a dos sentidos, motivando e dirigindo os movimentos do resto do corpo. Duas cabeças cortadas, "idas para outros mundos onde reina outra lei", que produzem mais estupor do que horror quando as contemplamos. Os julgamentos de valor, quer sejam morais, políticos ou estéticos, são na presença delas, ao menos momentaneamente, reduzidos ao silêncio. A noção que se impõe é mais desconcertante e mais simples: entre as miríades de coisas que são, e que foram, essas duas cabeças foram; elas são. O que preenche esses olhos sem olhar não é mais o estandarte desfraldado dos protestos políticos, nem qualquer outra imagem intelectual ou carnal, nem mesmo o Vazio que contemplara Honda, e que parece de repente não passar de um conceito ou de um símbolo afinal de contas demasiadamente humano. Dois objetos, detritos já quase inorgânicos de estruturas destruídas, e que, eles também, não serão mais nada, uma vez levados ao fogo, senão resíduos minerais e cinzas; sequer temas de meditação, porque os dados nos faltam para meditar sobre eles. Dois destroços, carregados pelo Rio da Ação, que a vaga imensa largou por um instante, encalhados sobre a areia, e que depois volta a levar com ela.

ESTE LIVRO FOI COMPOSTO EM GATINEAU 11 POR
16 E IMPRESSO SOBRE PAPEL AVENA 80 g/m² NAS
OFICINAS DA MUNDIAL GRÁFICA, SÃO PAULO — SP,
EM FEVEREIRO DE 2023